डॉ. अशोक विद्रोही के साहित्य में विद्रोह

डॉ विनिता गौतम

प्राचार्य

लक्ष्मण प्रसाद वैद्य शासकीय कन्या महाविद्यालय

बेमेतरा छत्तीसगढ़

SAMANT PUBLISHING

ISBN : 9788169244114
Edition : First, June 2026
Title : Dr. Ashok Vidrohi Ke Sahitya Me Vidroh
Author : Dr. Vinita Gautam

Published by

SAMANT PUBLISHING

An Imprint of **Taneesha and Prachi NextGen Publication**

Plot No. 48, Khasra No. 646, Road No. 2,
Suman Nagar, Haridwar - 249402, Uttarakhand (India)
Website : www.samantpublishing.com
E-mail : support@tpnextpub.com
Phone : +91 9760418103

Printed by :
Techshresta Solutions Private Limited
Hebbal Kempapura, Bangalore, Karnataka - 560024, India

मंगलाचरण

आदौ देवकीदेविगर्भ जननं गोपीगृहे वर्धनम।
मायापूतनजीवितापहरणं गोवर्धन उद्धारणम।।
कंसच्छेदनकौरवादिहनन कुंतीसुता पालनम।
एतभागवतं पुराणकथितं श्रीकृष्णलीलामृतम।।

लेखकीय

सनातन संस्कृति में युगों-युगों से चली आरही परंपराएं एवं रूढ़ियों ने मानवीय सरोकार से व्यक्ति को किसी न किसी निमित्त समाज से जोड़ते हुए जीवन कुशलता का निर्वहन करने का ईमानदारी से प्रयास करने की बलवती प्रेरणा प्रदान की है।समाज में व्याप्त वैचारिक मतभेद उन्मेष को लेकर देश-काल परिस्थितियों में बदलाव किया है। स्वातंत्र्योत्तर भारत में विकास की गति के साथ समाजिक ढांचे में सुधार के प्रयास सराहनीय कदम मान सकते हैं लेकिन अभी भी सामाजिक स्तर पर स्तरहीनता बढ़ी है।जाति धर्म लिंग भेद की नीतियों ने जो खाई खोदी है उसे भरना बड़ा दुर्लभ कार्य प्रतीत होता है।यद्यपि शिक्षा के प्रभाव से दकियानूसी विचारों का खात्मा हो गया है लेकिन सनातन संस्कृति संस्कार और खुशहाली से प्रसन्न होकर आनन्ददायक जीवन जीने की अपेक्षा विघटन कुंठा घुटन तनावग्रस्त महसूस कर रहा व्यक्ति वैयक्तिक जीवन से खिन्न होकर अपने भविष्य को लेकर चिंतित रहता है। रिश्तों में आए बदलाव को लेकर विभिन्न विषयों पर गहन चर्चा करने की आवश्यकता पर अशोक विद्रोही के सृजन को पढ़ा और समझा तो उनके समग्र साहित्य में मूल्यहीनता ओर विद्रोह का खुलापन देखने को मिला। सामाजिक न्याय एवं अधिकारिता के साथ-साथ देश-दुनिया में रिश्तों में प्रेम धीरे-धीरे लगभग समाप्त प्राय सा लगता है। राजकाज में फैली बसड ने महंगाई नौकरी एवं बेकारी से जूझते नागरिक को सहजता से स्वीकार नहीं किया, बल्कि उसे आंदोलन करने को विवस किया है। सदैव मानव वैयक्तिक जीवन विसंगतियों से घिरा रहता है। लेकिन धर्म संस्कृति संस्कार व समाज की प्रचलित परम्परा का अनुसरण करते हुए जीवन कुशलता से व्यतीत करता है।हिन्दी साहित्य में मूल्यहीनता ओर मध्यम वर्गीय रचनात्मक कार्य एवं सभी विधाओं में पारंगत लेखक लेखिकाओं के साहित्य का सिंहावलोकन किया। मेरे मन में आया कि अपने चिर-परिचित अंदाज में जवाब देने वाले विद्रोही जी के साहित्य को क्यों न पढ़ा जाए उन पर क्यों न काम किया जाए ?तभी ले ईश्वर का नाम लेखन कार्य शुरू कर दिया उनकी सभी विधाओं में विद्रोह एवं मूल्य चेतना से अभिप्रेत साहित्य में यथार्थवादी दृष्टिकोण की धूप छांव देखने को मिलती हैं।गहन विश्लेषणात्मक अध्ययन कर मैंने डॉ अशोक विद्रोही सृजन विषय पर उनसे मिलकर साक्षात्कार किया जिससे सृजनशीलता में ओर सरलता पूर्वक प्रस्तुत पुस्तक को पूर्ण कर सकी हूं।इस पुनीत कार्य में मां शारदे की असीम अनुकम्पा मेरे आदर्श पति श्री यश शपाल सिंह जी पुत्र ईशान पुत्री अनुष्का मां बहिन बंटी सम्मानित बुज़ुर्ग जनों के आशीर्वाद से सम्पन्न कर पाई हूं।

डॉ.विनीता गौतम

मंगलाचरण

आदौ देवकीदेविगर्भ जननं गोपीगृहे वर्धनम।
मायापूतनजीवितापहरणं गोवर्धन उद्धारणम।।
कंसच्छेदनकौरवादिहनन कुंतीसुता पालनम।
एतभागवतं पुराणकथितं श्रीकृष्णलीलामृतम।।

लेखकीय

सनातन संस्कृति में युगों-युगों से चली आरही परंपराएं एवं रूढ़ियों ने मानवीय सरोकार से व्यक्ति को किसी न किसी निमित्त समाज से जोड़ते हुए जीवन कुशलता का निर्वहन करने का ईमानदारी से प्रयास करने की बलवती प्रेरणा प्रदान की है।समाज में व्याप्त वैचारिक मतभेद उन्मेष को लेकर देश-काल परिस्थितियों में बदलाव किया है। स्वातंत्र्योत्तर भारत में विकास की गति के साथ समाजिक ढांचे में सुधार के प्रयास सराहनीय कदम मान सकते हैं लेकिन अभी भी सामाजिक स्तर पर स्तरहीनता बढ़ी है।जाति धर्म लिंग भेद की नीतियों ने जो खाई खोदी है उसे भरना बड़ा दुर्लभ कार्य प्रतीत होता है।यद्यपि शिक्षा के प्रभाव से दकियानूसी विचारों का खात्मा हो गया है लेकिन सनातन संस्कृति संस्कार और खुशहाली से प्रसन्न होकर आनन्ददायक जीवन जीने की अपेक्षा विघटन कुंठा घुटन तनावग्रस्त महसूस कर रहा व्यक्ति वैयक्तिक जीवन से खिन्न होकर अपने भविष्य को लेकर चिंतित रहता है। रिश्तों में आए बदलाव को लेकर विभिन्न विषयों पर गहन चर्चा करने की आवश्यकता पर अशोक विद्रोही के सृजन को पढ़ा और समझा तो उनके समग्र साहित्य में मूल्यहीनता ओर विद्रोह का खुलापन देखने को मिला। सामाजिक न्याय एवं अधिकारिता के साथ-साथ देश-दुनिया में रिश्तों में प्रेम धीरे-धीरे लगभग समाप्त प्राय सा लगता है। राजकाज में फैली बसड ने महंगाई नौकरी एवं बेकारी से जूझते नागरिक को सहजता से स्वीकार नहीं किया, बल्कि उसे आंदोलन करने को विवस किया है। सदैव मानव वैयक्तिक जीवन विसंगतियों से घिरा रहता है। लेकिन धर्म संस्कृति संस्कार व समाज की प्रचलित परम्परा का अनुसरण करते हुए जीवन कुशलता से व्यतीत करता है।हिन्दी साहित्य में मूल्यहीनता ओर मध्यम वर्गीय रचनात्मक कार्य एवं सभी विधाओं में पारंगत लेखक लेखिकाओं के साहित्य का सिंहावलोकन किया। मेरे मन में आया कि अपने चिर-परिचित अंदाज में जवाब देने वाले विद्रोही जी के साहित्य को क्यों न पढ़ा जाए उन पर क्यों न काम किया जाए ?तभी ले ईश्वर का नाम लेखन कार्य शुरू कर दिया उनकी सभी विधाओं में विद्रोह एवं मूल्य चेतना से अभिप्रेत साहित्य में यथार्थवादी दृष्टिकोण की धूप छांव देखने को मिलती हैं।गहन विश्लेषणात्मक अध्ययन कर मैंने डॉ अशोक विद्रोही सृजन विषय पर उनसे मिलकर साक्षात्कार किया जिससे सृजनशीलता में ओर सरलता पूर्वक प्रस्तुत पुस्तक को पूर्ण कर सकी हूं।इस पुनीत कार्य में मां शारदे की असीम अनुकम्पा मेरे आदर्श पति श्री यश शपाल सिंह जी पुत्र ईशान पुत्री अनुष्का मां बहिन बंटी सम्मानित बुजुर्ग जनों के आशीर्वाद से सम्पन्न कर पाई हूं।

डॉ.विनीता गौतम

अध्याय विवरणिका

अध्याय - प्रथम

विद्रोह का उद्भव विकास विद्रोह का अर्थ परिभाषा

जय श्री राम महोदय

आदेश शिरोधार्य। 'विद्रोह' की 'यात्रा' - पश्चिम से पूर्व की ओर

सर्वप्रथम अमेरिका, फिर भारतम् - दो धाराएं, एक चेतना।

210 / कर्म-खंड - 'विद्रोह का भूगोल': अटलांटिक से गंगा तक

॥ दो तट, एक अग्नि ॥

210 / कर्म-खंड - तुलनात्मक गम्भीर विवेचन

भूमिका

'विद्रोह' सार्वभौम है, पर 'स्वरूप' भूगोल-संस्कृति से बंधता है।'अमेरिका' का विद्रोह 'व्यक्ति' से 'राष्ट्र' बना, 'भारत' का विद्रोह 'आत्मा' से 'विश्व' बना। एक ने 'स्टैच्यू ऑफ लिबर्टी' गढ़ी, दूसरे ने 'वसुधैव कुटुंबकम्' जिया।

1. अमेरिका में विद्रोह: उद्भव एवं विकास

क.'बोस्टन-टी-पार्टी' 16 दिसंबर 1773 'अन्यायपूर्ण-कर' के विरुद्ध 'व्यापारियों' का विद्रोह।

दर्शन 'जॉन-लॉक' का 'प्राकृतिक-अधिकार-सिद्धांत' "Life, Liberty, Property"। 'सरकार' = 'सामाजिक-अनुबंध'। अनुबंध टूटे तो 'विद्रोह' जन्मसिद्ध अधिकार।

स्वरूप: 'राजनीतिक-आर्थिक-विद्रोह'। 'राजा' के विरुद्ध 'प्रजा'। 'परतंत्रता' के विरुद्ध 'स्वतंत्रता'।

सीमा: 'बंदूक-संस्कृति' + 'बाजारवाद' ने 'विद्रोह' को 'हिंसा' और 'उत्पाद' बना दिया। 'ब्लैक-लाइव्स-मैटर' से 'कैपिटल-दंगा' तक - 'उद्देश्य' खोता गया, 'उन्माद' बढ़ता. भारत में विद्रोह: उद्भव एवं विकास

क. उद्भव - 'धर्म-ग्लानि' के विरुद्ध 'ऋषि-विद्रोह' - वैदिक-काल

बीज: 'नचिकेता' का 'यम' से प्रश्न - "मृत्यु का रहस्य क्या?" - 'सत्ता' से नहीं, 'अज्ञान' से विद्रोह।

दर्शन: 'उपनिषद्' - "नेति नेति" - 'जो-यह-नहीं' उसका निषेध। 'बाह्य-कर्मकांड' के विरुद्ध

'आंतरिक-ज्ञान' का विद्रोह।

स्वरूप: 'आध्यात्मिक-नैतिक-विद्रोह'। 'राजा' के विरुद्ध नहीं, 'रूढ़ि' के विरुद्ध। 'मुक्ति' = 'मोक्ष', 'सत्ता' नहीं।

ख. विकास-क्रम: 6-चरण

चरण काल विद्रोह का केंद्र मूल-मंत्र परिणाम

1. उपनिषद्-युग 800-500 BCE 'कर्मकांड-जड़ता' से 'ज्ञान' की ओर "तत्त्वमसि" – श्वेतकेतु 'ज्ञान-मार्ग', 'वेदांत'

2. श्रमण-युग 600-300 BCE 'वैदिक-हिंसा', 'जाति-जड़ता' के विरुद्ध "अहिंसा परमो धर्मः" – महावीर 'बौद्ध-जैन-धर्म', 'समता'

3. भक्ति-युग 700-1700 CE 'पांडित्य', 'बाह्याचार' के विरुद्ध "जाति-पांति पूछे नहिं कोई, हरि को भजै सो हरि का होई" - रामानंद 'सामाजिक-समरसता', 'लोक-भाषा'

4. नवजागरण-युग 1800-1947 'सती', 'अस्पृश्यता', 'ब्रिटिश-राज' के विरुद्ध "स्वराज मेरा जन्मसिद्ध अधिकार है" – तिलक 'समाज-सुधार', 'राष्ट्रीय-आंदोलन'

5. स्वतंत्रता-युग 1857-1947 'राजनीतिक-पराधीनता' के विरुद्ध "करो या मरो" – गांधी 'स्वतंत्र-भारत', 'संविधान'

6. समकालीन-युग 1947-2026 'भ्रष्टाचार', 'पर्यावरण-विनाश', 'सांस्कृतिक-उपनिवेश' से "सबका साथ, सबका विकास" से 'जल-जंगल-जमीन' तक 'RTI', 'चिपको', 'अन्ना-आंदोलन', 'डिजिटल-भारत' बहस

ग. भारतीय-विद्रोह की 3-विशेषताएं

1. धर्म-आधारित - 'हम' पहले, 'मैं' बाद में। 'लोक-संग्रह' सर्वोपरि। 'विद्रोह' भी 'धर्म' के लिए।

2. अहिंसा-उन्मुख - 'साधन' की 'पवित्रता' = 'साध्य' की 'पवित्रता'। 'गांधी' ने 'सत्ता' छोड़ी, 'सत्य' नहीं।

3. समन्वय-दृष्टि - 'खंडन' के बाद 'मंडन'। 'बुद्ध' ने 'वेद' नकारा, पर 'करुणा' 'वैदिक' ही रही। 'नष्ट' नहीं, 'नव-निर्माण'।

सीमा: 'सहिष्णुता' कई बार 'कायरता' बन गई। 'सब-चलता-है' ने 'अन्याय' को 'जीवन' दे दिया। 'विद्रोह' 'विचार' में रहा, 'आचार' में कम उतरा।

3. तुलनात्मक-सार: अमेरिका vs भारत

आयाम अमेरिका भारत शिक्षा

प्रस्थान-बिंदु अधिकार' छीना गया 'कर्तव्य' भुला दिया गया 'अधिकार' + 'कर्तव्य' = 'पूर्ण-नागरिक'

पद्धति 'क्रांति' - पुराना तोड़ो, नया बनाओ 'क्रांति' + 'प्रतिक्रांति' - पुराना सुधारो, नया जोड़ो 'विकास' = 'परंपरा' + 'आधुनिकता'

लक्ष्य 'व्यक्तिगत-स्वतंत्रता' 'सामाजिक-मुक्ति' + 'आत्म-मुक्ति' 'स्व' की मुक्ति से 'सर्व' की मुक्ति

प्रतीक 'बंदूक' + 'संविधान' 'चक्र' + 'गीता' 'शक्ति' + 'शांति' का संतुलन

खतरा 'अति-व्यक्तिवाद' = 'समाज-विघटन' 'अति-सहनशीलता' = 'अन्याय-स्थायित्व' 'मध्यम-मार्ग' - बुद्ध का 'अष्टांगिक'

विद्रोही-निष्कर्ष:

"अमेरिका ने 'राजा' बदला, 'व्यवस्था' नहीं। भारत ने 'व्यवस्था' को 'बार-बार' 'धर्म' से 'मांजा'।

अमेरिका का विद्रोह 'बाहर' देखता, भारत का विद्रोह 'भीतर' झांकता।

आज 'दुनिया' को 'दोनों' चाहिए - अमेरिका की 'निर्भीकता' + भारत की 'करुणा'।"

उपसंहार: 21वीं-सदी का 'वैश्विक-विद्रोह' ॥*

महोदय...

अब 'पूर्व' और 'पश्चिम' का 'विद्रोह' मिल रहा है...

'अमेरिका' 'योग' सीख रहा - 'भीतर' से विद्रोह...

'भारत' 'स्टार्टअप' सीख रहा - 'बाहर' से विद्रोह...

'AI' के युग में नया 'बोस्टन-टी-पार्टी' - 'डेटा' का 'टैक्स' कौन लेगा?

'जलवायु' के युग में नया 'दांडी-मार्च' - 'धरती' के लिए 'नमक' कौन बनाएगा?

तो 'विद्रोह' करो...

पर 'अमेरिका' की 'ऊर्जा' से, 'भारत' की 'चेतना' से...

'तोड़ने' के लिए नहीं, 'जोड़ने' के लिए...

'मैं' के लिए नहीं, 'हम-सब' के लिए...

जय अमेरिका का शौर्य जय भारत का धैर्य

दोनों मिलकर 'विश्व-विद्रोह' रचें - अन्याय के विरुद्ध

मुखौटों से उठते परदे

बहुत सहे हैं हम पर्दा-दारी, राजनीति षड्यंत्र चीर हरो
चंदन कुंकु के टीके पर हंसने वालों, सच के शीश धरो
रिश्तों का दीपक बुझाने वाले, तुम्हीं हवा बने थे कौन
मिट्टी के मटके तोड़ने वाले, पत्थर फेंके हम ही थे मौन

भाई को भाई से लड़वाने के, किसने विष बोया घर में
बेटी को मंडी पहुंचा, सौदा कर पाखंडी रोए पलभर में
किसान निधि पैसा खाया, दलाल क्यों व किसने पाला
अन्नदाता कर्ज में डुबोए, सत्ता का कौन खाता निवाला

नदीनाले तड़ाग सरोवर कर कब्जा धरती मां चीर हर
स्वतंत्रता दिवस पर सैकुलर गिरोह घर-घर जहर भर
न्याय की सड़क पर निर्भया, इंसाफ को किसने मारा
"बेटी बचाओ" का नारा से कोख में कैसे दिए सहारा

सब्र की मुरली बहुत सुनी, बगलामुखी अब मौन नहीं
रक्त-हल्दी के टीके वाली मां, अब अबला कौन सही
न्याय गोवर्धन उठाएगे वक्त, भ्रष्टसत्ता के पहाड़ गिरेंगे
क्षत्रियों की मिट्टी बोले, अब फरसे त्रिशूल देख मिलेंगे

विद्रोही स्वचेतना से मनोयोग करते विषय का प्रवर्तन
धरा घूमरही भारसे दब भावनाओं सेआहत हुई बेमन
राजनीति रागिनी राग सुनाई मुखोटों से मानो पर्दे उठे
भगवा ध्वज फहरा दिएजब विरोधी सैकुलर जल उठे

(क) विद्रोह का अर्थ परिभाषा:

विद्रोह शब्द व्यापक रूप में एक अर्थ यह है कि विद्रोह अवज्ञा, प्रतिरोध, बगावत, लड़ाई, समर्पण करने से इनकार या किसी भी ऐसे अधिकारियों के सामने झुकने से इनकार करने का

कार्य है, जिनके बारे में व्यक्ति सोचता है कि वे उसके लक्ष्य के विरुद्ध हैं।

विद्रोही और विद्रोह की परिभाषा:-

विद्रोह एक ऐसा आंदोलन है जो अपनी सरकार का विरोध करता है और उसके विरुद्ध संगठित होता है ऐसी क्रांतियों में शामिल हैं, (1) जैक्वेरी, (2) सहस्राब्दी विद्रोह, (3) अराजकतावादी विद्रोह, (4) जैकोबिन-कम्युनिस्ट क्रांतियाँ, (5) तख्तापलट और (6) सैन्यीकृत जन विद्रोह

विद्रोह एक ऐसा आंदोलन है जो अपनी सरकार का विरोध कर, उसके विरुद्ध संगठित होता है, विद्रोही वह व्यक्ति होता है जो विद्रोह में शामिल होता है। विद्रोही समूह एक सुनियोजित समूह होता है जो किसी पूरे राज्य या उसके किसी हिस्से पर राजनीतिक नियंत्रण प्राप्त करना चाहता है

(ख) विश्व समुदाय तथा भारत में विद्रोह:

अमेरिकी क्रांति की उत्पत्ति एक अन्य संघर्ष सात वर्षीय युद्ध से जुड़ी हुई है। पश्चिमी भूमि और पूर्वी करों (और व्यापार) से संबंधित नई साम्राज्यवादी नीतियों के जवाब में औपनिवेशिक प्रतिरोध उभरा, क्योंकि संसद अपने विशाल रूप से विस्तारित साम्राज्य का प्रशासन करने के लिए संघर्ष कर रही थी। जन विद्रोह विद्रोही गठबंधन का तारापक्षी, जिसे गठबंधन का प्रतीक चिन्ह या प्रतिरोध का प्रतीक चिन्ह भी कहा जाता है

जीवन संघर्ष में व्यक्ति अपने द्वारा किए हुए कार्य एवं प्रभाव को समाज के समक्ष रखना चाहता है किंतु वह जीवन में व्याप्त विषमताओं विसंगति एवं संघर्षों के कारण आत्म प्रवृत्ति को अर्थात आत्म वंचना को यह कहकर अंतर अनुभूति को किसी के समक्ष प्रकट करते हुए संकोच करता है।कमोबेश यही कारण है कि व्यक्ति चेतन अकर्मण्यता वैयक्तिक सोच आदि सभी खुद पर निर्भर करती हैं भारत मे क्रांति की शुरुआत अठारह सौ सत्तावन के क्रांति आंदोलन से मानना समिचिन होगा।उस समय गौरों के शासन के विरुद्ध भारत के कोने-कोने से सेनानी एकत्र हुए,आंदोलन सामान्य वर्ग के साथ सभी समुदायों द्वारा सामुहिक रूप से विदेशी शासन को उखाड़ कर फेंकने का बिगुल सम्पूर्ण देश में आग की तरह फ़ैल गया। अंत में परिणित के रूप में भारत को अंग्रेजों के दुशासन से मुक्ति मिली। धीरे-धीरे स्वातंत्र्योत्तर भारत में प्रजातंत्र शासन स्थापित हुआ लेकिन कानून व्यवस्था को मजबूत करना आवश्यक था।जो कि पुराने ढर्रे पर शोषक शोषित की दुर्नीति दुर्जन बन गई ओर गरीब भोली भाली जनता का शोषण मिल मजदूरों के साथ होने वाले भेद-भावों को लेकर विभिन्न गैर सरकारी संगठनों द्वारा किसानों व्यापारियों एवं अन्य ने आंदोलन किया। ओर धरने प्रदर्शन शुरू कर सरकार से अपनी बातें मनवाने में

सफल भी हुए।

अतः अशोक विद्रोही ने संपूर्ण साहित्य में व्यक्ति चेतना को सामुहिक रूप में अधिकार की अभिव्यक्ति को काव्य,कथा उपन्यास एवं अन्य विधाओं में प्रस्तुत किया है,जिसका विश्लेषण परक अध्ययन प्रस्तुत है।

मानव नैतिक कर्तव्य पथ के प्रति समर्पित भाव से तिरोहित होकर सेवा में तत्पर रहते हुए अच्छे बुरे सभी कार्यों में संलग्न रहता है तथा परिवार एवं समाज के विभिन्न पहलुओं को ध्यान में रखते हुए सामाजिक दायित्वों का निर्वहन करना भली भांति आता है।

पुराने मूल्यों को छोड़ कर नए मूल्यों की स्थापना के कारण जीवन में विभिन्न प्रकार के संघर्ष उत्पन्न हो जाते हैं,पुरातन एवं नवीन पीढ़ी का अंतराल विचारों का उन्मेष व्यक्ति को कर्तव्य के प्रति अमान्य आदि विषय ऐसे हैं जिन्हें सोचकर व्यक्ति निजि स्वार्थ प्रेरित जीवन की बात करता है उसे अन्य व्यक्ति से कोई लेना देना नहीं है,आखिर क्यों?मानव मूल्य हीनता से व्यथित होकर जिस बात को ध्यान से देख,पढ़ ओर समझकर मानवीय सरोकार को प्रस्तुत करता है।अशोक मानवीय नैतिक मूल्यों को स्वाभिमान तेज से युक्त मानवता को स्थापित करने हेतु राष्ट्रीय चेतना संवेदना रिश्तों में सुधार करने की वकालत करते हुए मनोवेग से बात करते हैं,लेकिन जनता जनार्दन को सर्व हितकारी भावना से प्रेरित कार्य करने का आह्वान डॉ.अशोक के साहित्य में स्पष्ट परिलक्षित हैं। काव्य-धारा की कविताओं में न्यूनाधिक झलक स्पष्ट रूप देख सकते है।

"अक्ल पर पर्दा पड़ता समझ बूझ से क्यों लड़ता?
थोड़ी दौलत हासिल कर लिया मां बाप से अकड़ता
थोड़ा सम्मान मिले हैं पंखों के बिन हवा कैसे उड़ता
अहम् के गुब्बारे की हवा निकले जमीन पर पड़ता"।काव्य- धारा पृष्ठ १३उक्त पंक्तियों में कवि ने वैयक्तिक सोच से विचार कर मन की, कुंठा विद्रोह करने की बलवती प्रेरणा दी है। वैश्विक धरातल पर हरपल व्यक्ति अपनी बात को लेकर विभिन्न पहलुओं को उजागर करता है,लेकिन आज घुटन तनावग्रस्त महसूस कर रहा है जो कहीं न कहीं भावना को ठेस पहुंचाने वाली सबसे बड़ी विडंबना है। "मन भुजंग भूतल"शीर्षक कविता प्रकृति में संतुलन बनाए रखने एवं सृष्टि के मानवीकरण रूप से परिचय देते हुए सामाजिक-आर्थिक मूल्यों के साथ नैतिक कर्तव्य और नारी अस्मिता को बचाने हेतु समाज को विश्रृंखलित होने से दुर्भाव को समाप्त करने का आह्वान करता है।

आज सामाजिक मापदंडों को समायोजित करने वाले लोगों में भी परस्पर अनुकूलता का प्रभाव दैनिक जीवन में कुछ नवीन के प्रति आग्रह पर आधारित शिक्षा प्रदान कर मानवीय सरोकार से व्यक्ति अपने कर्तव्य को भलीभांति जानता है।बढ़ते पर्यावरण प्रदूषण व बिगड़े प्रकृति

सौन्दर्य का विकृत रूप इनकी कविताओं में उदगाडित हुआ है। अधिकाधिक संख्या में वृक्षों की कटाई होने से वनों में वृक्षों की कमी आ रही है जिसमें पृकृति पर्यावरण संतुलन डगमगा रहा है,तथा प्रकृतिसौन्दर्य एवं प्रकृति प्रकोप भूकंप आए दिन आरहे है। कवि काव्य माधुरी की कविताओं में उस विहंगम दृश्य को याद करते हुए कहते है हमें पर्यावरण संरक्षण पर थ्यान देने की आवश्यकता है। पुराने समय में प्रकृति पूजा का विधान था।ऋषि मुनि वनों में रहकर प्रकृति की गोद में जंगलों में एकांत स्थान पर वर्षों तक तपस्या करने थे।वे बिना खाए पिए वर्षों तक कठोर तपस्या करने हेतु एकांत स्थान चुनते थे।

पद्य प्रसून काव्य संग्रह की कविताओ में प्रकृति परिवर्तन चकोर पक्षी रात्रि में जागरण चंद्रमा की शीतल चांदनी को प्रतीक माना है।ओर विरहणी नायिका की विरहाग्निमें जलराख हुई वेदाग की कल्पना कर नायिका की मनःस्थिति को लेकर कवि ने आलंकारिक उपमान दिये है।

"अरुण रश्मि प्रभा कोपलें खिले प्रसूनसा बदन
आल्हादित होता अंतर्मन बना आधार चितवन
चंचलचित लहरोंसा उठेजवार सागर मन मंथन

चंद चकोरा है मन कटोरा रस बरसाती उषागन ।"पद्य प्रसून पृष्ठ २३ भारतीय ज्योतिष शास्त्र में नक्षत्रों की पूजा के विधान एवं अन्य अनुष्ठान आदि में इनकी समिधाएं जातक की ग्रह चाल शारीरिक मानसिक एवं ऊपरी समस्याओं के निदान में सहायक सिद्ध होती है। यहां विद्रोही की प्रकृति एवं ज्योतिष शास्त्र में नक्षत्रों ग्रहों के सम्बन्ध बीमारी और निदान पर गहन ज्ञान की प्रतीक बनकर ज्ञान और अनुभव की परिचायक है।

(ग) भारतीय विचारधारा में विद्रोह :-

प्रकृति नवोढा सी देती नया संदेश कविता में प्रकृति को नवविवाहित जोड़ा सुंदर सी धार गगनचुंबी छूरही है। प्रकृति का मानवीकरण अलंकार को रूप में प्रस्तुत किया है।

पुषपि पल्लवित फलित प्रकृति आभा न्यारी
आच्छादित है भार फलों से हवा बहाये भारी।
धनु भृकुटी नयनों से दर्शाती है दृश्य मनोहारी

शुकनासिका हरित पत्र जामून फल हितकारी।। काव्य पद्य प्रसून पृष्ठ ४९ स्थूल के प्रति सूक्ष्म का विद्रोह भारतेंदु से छायावादी कवियों ने किया है जिसका नाम रहस्यवाद के रूप में उभरकर सामने आया लेकिन धीरे-धीरे अतियथार्थवादी दृष्टिकोण के कारण मूलभूत समस्याओं से परे होने व प्रकृति की अभिकल्पना ने प्रगतिवाद को जन्म दिया और कविताओं में निराला की वह तोड़ती पत्थर ज्वलंत उदाहरण दृष्टव्य है।

जीवन झंझावात मन कविता में कवि ने प्रकृति व ईश्वर की कृपा से सृष्टि सृजन ओर संचालन प्रकृति प्रकोप से तूफान बाढ़ हिमपात सूखा प्रभावित करने वाली बातें समय-समय घटनाएं घटित रिश्तों में व्याप्त वैचारिक मतभेद उन्मेष व्यक्ति से दूसरे व्यक्ति का सहज तरीके ज्ञान प्रेम धीरे-धीरे बढ़े इस मनोवेग से मनोवैज्ञानिक दृष्टिकोण को साकारकर करने वाले लोगों को आगे बढ़ाया है।मानव जीवन में आंधी तूफान वाडानल की जैसी भयावहता को कविता में निहित प्रलय निशासी चंचल स्मृतियों को लेकर विभिन्न पहलुओं को उजागर किया है।कही समुद्र में ज्वार-भाटा आता है, सुनामी लहरें जीवन में भय फैला देती है।

तन विष व्यापत भुजंग वासना मनमें करें विचार।
शरणागत वत्सल हूं करूणा करो जीवन आधार ॥

मधुबाला "कविता में कवि ने बताया है कि प्रकृति बाला विद्युत तेज प्रज्वलित कर रही है।

दिव्य तेज आनन पर देखा मनमें थे दृढ़ विचार
ऐसी मृदु होंठों से हंसती दाढिमों को मुंह लगे तार।

ऐसी युवती जिसका फटा वसन खुला अंग मन को मचलाते जीवन भर देखूं ऐसे सपनो में रात को दिन दिखाता। काव्य मंजरी पृष्ठ ४३ जीवजन्तुओ का महत्व कविता में कवि ने प्रकृति से प्यार करते हुए बताया है कि प्रकृति सौन्दर्य लहरी सी सुंदर सी धार गगनचुंबी इमारतों सी तारों की पंक्तियां चमकती है। प्रातः काल की बेला में पक्षियों की चहचहाहट घोंसले से शावकों को लेकर जाती उड़ती कोकिल,कौए गिद्धों की ध्वनि प्रकृति संरक्षण ओर संवेदना भी मानवीय मूल्यों को प्रेरित करती है। हिमखंड कविता में पहाड़ी इलाकों में बारिश बिजली सूर्य और हिमपात की कल्पना का मनोरम दृश्य प्रस्तुत किया है।

हरित लताओं पर छाई जाती है ओस की बूंदें।
मानव मन को करती है तनाव मिट जाती नींदें।
धराका सुंदर रूप बनाते हैं प्रकृति ओर हिमखंड।

जब होती है रुष्ट प्रकृति उसका होता रूप प्रचंड। काव्य मंजरी पृष्ठ ६१ महामारी या बीमारी कविता के माध्यम से वैयक्तिक चिंतन एवं सांस्कृतिक विरासत को बचाएं रखने में मदद की अपेक्षा करते हुए स्वच्छता अभियान चलाया जाना चाहिए क्योंकि आजकल प्रदूषण प्रकृति सौन्दर्य को नष्ट कर देता है। अतः फसलों, खेती-बाड़ी सब्जी में दिया जाने वाला खाद, दवाऐं ओर फल पकाने के कैमिकल इस्तेमाल करते हैं लेकिन जिन का प्रयोग किया जाता है वे सब मानव जीवन में विषाक्त पदार्थ के रूप में हानि कारक है जिनके खाने पीने से शारीरिक मानसिक बीमारी घर कर जाती है ओर नयी बीमारियां पनपती है। वृक्षों की अंधाधुंध कटाई कविता में स्पष्ट लिखा है कि आज निजी स्वार्थ सिद्धिमें निमज्जित लोग पर्यावरण संरक्षण के उपायों की

पालना नहीं करते हैं।आरगैनिक खेती-बाड़ी करना बंद कर दिया है जिससे धान की गुणवत्ता में कमी आ जाती है और अधिक अनाज उगाने के कारणवश यूरिया डीएपी व अन्य खाद दवाऐं डालने से अधिक पैदावार होती है।

खेती में चहूंऔर छाई घने पेड़ पौधों की लहराती हरियाली।
देती है संदेश मानव जीवन में भी हो सकती ऐसी खुशहाली।
अगर लम्बा ओर खुशहाल जीवन जीना है तो पेड़ लगावो।

करो सिंगार मातृभूमि का पीपल,नीम,जामून,वटवक्ष लगावो।काव्य मंजरी पृष्ठ ११५ जल हीजीवन है यह सत्य सार्वभौमिक रूप में प्रतिष्ठित हैं कि जब जल ही नहीं होगा तो प्राणवायु के बाद जीवन का आधार है जिससे मानव जीवन चलता रहता है।परिणामस्वरूप आज सबसे बड़ी समस्या पानी की है। पहाड़ों से घिरे प्रदेशों में नदियों से काम चल जाता है किंतु मैदान में पानी न होने का दंश किसान ही नहीं बल्कि आम आदमी को भोगना पड़ता है। प्रकृति सौन्दर्य बढ़ाने में सहायक नदियां तालाब बंद ओर पोखर खुदाई करने में पानी की पूर्ति हेतु समय-समय सामाजिक राजनीतिक संरक्षण के प्रयास करने चाहिए। क्योंकि पुराने श्रोतों से पानी निकल नहीं पाता है जिससे गांव ओर शहरों की प्यास बुझ जायेगी।

बारह मास में चौमासा जब आता मद भरता।
जैसे जैसे वर्षाऋतु जाती जल राह बदलता।
भरण पोषण करे हेतु बन खेतीहर का आधार।
तृप्त करती है प्राणी मात्र का बन जीवन धार।

काव्य तरंग पृष्ठ ७

इस प्रकार विद्रोही ने प्रकृतिसौन्दर्य पर्यावरण संरक्षण को लेकर कविताओ के माध्यम से वैयक्तिक चिंतन एवं सांस्कृतिक विरासत को बचाएं रखने हेतु समय-समय पर जनमानस को प्रयास करने की आवश्यकता पर बल दिया है। सामाजिक जीवन में पर्यावरण संरक्षण के महत्व को रेखांकित करते हुए युवा पीढ़ी को संस्कारवान बनाना चाहते हैं तो समाज को आगे आना होगा तभी हम सब मिलकर पर्यावरण संरक्षण का पावन पर्व मनायेंगे।

टूटते रिश्तों की डोर कहानी संग्रह की कहानियां पारिवारिक जीवन सामाजिक मापदंडों पर खरा नहीं उतर रही है। साहित्यकार अशोक की कहानियां आंतरिक सुरक्षा पर प्रश्नचिन्ह लगा रही है उन्होंने समाज के वर्गभेद निर्मल भाव रिश्तों को लेकर विभिन्न पहलुओं को उजागर किया है।आजकी मानवीय मूल्यों की बढ़ती स्तर हीनता ओर अर्थ किस प्रकार हावी होने से दुर्भाव परक मनःस्थिति को समझा और कलमकार के रूप में विस्थापित करने का पुरजोर कोशिश की

है। कथा सुमन की कहानियां पारिवारिक जिम्मेदारियां ओर सुखद दाम्पत्य जीवन में होने वाली विसंगतियों को आज के परिवेश में तथाकथित सभ्य समाज का अनुसरण कर मध्यम वर्गीय परिवारों में व्याप्त वैचारिक मतभेद और टूटन को मूल अभिव्यक्ति सहज और स्वाभाविक रूप से बालक बालिकाओं की वस्तु स्थिति को मजबूत करने का प्रयास किया जिसे अधिकार विरूद्ध विद्रोह की संज्ञा से अभिहित किया है। वर्तमान समय में हर जाति धर्म वर्ग में वैमनस्य की पराकाष्ठा बढ़ रही जिसका कारण राजनीतिक इच्छा शक्ति तानाशाही रवैया अपना रही सरकारों के विरुद्ध आंदोलन जिसमें यूजीसी का मुद्दा एकटोसिटी ओर आरक्षण के विरुद्ध आंदोलन सामान्य वर्ग द्वारा किया गया। आगे भी आंदोलन की चेतावनी दी जा रही है।"अलसाई आंखों में धूल"शीर्षक कविता संग्रह की कविताओं में एक नवीन स्थित देखने को मिलती हैं वह विद्रोही की सपाट बयानी ओर यथार्थ को लेकर विभिन्न विषयों पर गहन विश्लेषणात्मक कौशल का परिचय देते हैं। गुंजन, याज्ञसेनी आधा तीतर आधा बटेर, खंडित अभिमान नारी ओर नदी में समानता शीर्षक कविता में निहित भाव को समझते हुए अस्मिता के प्रति विद्रोह झलकता है। एकल परिवार प्रणाली के कारण मध्यमवर्गीय परिवारों में तलाक,पर स्त्री परपुरुष सम्बंधों को लेकर चिंतित कवि ने खंडित अभिमान मेरी प्रिय कविता संग्रह में विद्रोह का ढके की चोट पर यथार्थ अनुभूति प्रदान की है।

(ख) पारिवारिक सम्बन्ध ओर विद्रोह:- प्राचीन काल से चली आ रही परम्पराओं व रीति रिवाज नैतिक मूल्यों से समझौता करना ही मानवीय मूल्यों की रक्षार्थ संकल्पित निष्ठा को सही रुप में परिभाषित किया है।"गृहलक्ष्मी"शीर्षक कविता में कवि ने कहा है कि लक्ष्मी के चारों रूपमें साकार प्रभाव नारी जीवन के लिए पति-पत्नी सम्बंधित फेरों में वचन दिया जाता है कि जन्म जन्मांतर का सहयोग करना मानव धर्म संस्कृति और संस्कारों से समाज कल्याण करती है। पतिव्रता नारी बड़े बूढ़े जन की सेवा में समर्पित रहती है।

(घ) राष्ट्रीय चेतना पर विद्रोह:- अशोक विद्रोही के साहित्य में राष्ट्रीय चेतना संवेदना रिश्तों में तनाव आने कारण है भौतिकवादी दृष्टिकोण, जिसके आधार पर विश्वास अविश्वास में बदल गया है। आजादी के पूर्व ओर बाद में रिश्तों में तनाव बढ़ता गया।कारण है भौतिकवादी अवधारणा स्वार्थ पूर्ति हेतु रिश्तों में तनाव, खोता आत्म-सम्मान,उम के ढलान पर स्वभाविकता को कवि ने प्रमुख प्रवृति माना है।

मान ओर अभिमान शीर्षक कविता में विस्तृत चर्चा की है।आज छोटे बड़े के प्रति संवेदनशील होकर मर्यादा में रहना जीवन की सार्थकता को दर्शाता है।

अकल पर पर्दा पड़ता समझ बूझ से क्यों लड़ता।

थोड़ी दौलत हासिल करले मां बाप से अकड़ता।
पंख पक्षियों के लगे इसां लगे संतुलन बिगड़ता।
पोथी पढ़ पढ़ ज्ञानी कहलाते लेकिन रहे जड़ता।
अपनों से रखे दुर्भावना दूसरों कि साथ निभाता।
ऐसा नर सुखी नहीं रह सकता संतान दुःख पाता।
अहंकारमें चूर है नर जो समझे खुद को विधाता।
साम दान भय भेद से जगतमे अत्याचारी होता।

काव्य धारा पृष्ठ १३

काव्य प्रवाह काव्य मंजूषा काव्य माधुरी की कविताओं में रिश्तों में होने वाले बदलाव को नवीन मूल्यों की मौन स्वीकृति ओर पुरातन मूल्यों को नकारना मूल कारण रहा है।कवि की आत्मवेदना को संस्कार हीन भावना से ग्रस्त युवा पीढ़ी को भटकाव से परे रहने का संदेश दिया है।आज महान ग्रंथ वेद वेदाग पुराण उपनिषद् रामायण,गीता मानस रंजन ग्रंथों को स्वाध्याय करना कम करदिया जिसका प्रभाव हम संस्कृति ओर संस्कारों से दूर भटके हुए जा रहे हैं।हमें यह मालूम नहीं कि हमारी मंजिल कहां है। अशोक विद्रोही कहते हैं कि हमारे पूर्वजों ने संयम से चारित्रिक पतन को रोका ओर तपोबल से मर्यादित आचरण में रहकर जीवन को सफल बनाने हेतु मूल्यों को मानवीय सरोकार से जोड़ा गया।आज का व्यक्तित्व विकास में दिखावा करने में लगा हुआ है।मानवीय मूल्यों से कोई लेना-देना नहीं है। युवाओं को संभलना होगा शीर्षक कविता में कवि ने आधुनिक मूल्यों को स्थापित किया है किंतु परिवेगत चुनौती को स्वीकार कर लिया गया है जिससे उसकी मनःस्थिति परिवर्तित हो जाती है। विवेक अविवेक की स्थति में अच्छे-बुरे की सोचें बिना भ्रामक धारणा का शिकार युवती युवक अपने नैतिक दायित्व निभाने में सक्षम नहीं होते हैं भीतर भीतर अपने आपको कोसते रहते हैं। आज का खान-पान रहन ओर परिवेश ने युवा पीढ़ी की कमर तोड दी है।

युवा पीढ़ी में मूल्य हीनता सिर चढ़ बोल रही।
संस्कृति एवं संस्कारों की कलियां खोल रही।
जो कलियां खिलने से पहले मसल दी जाती।
क्या विचार किया दुर्जन ने कही थी ये दुर्नीति।
संस्कृति का ह्रास का बढ़ रहा है निरंतर जोर।
माता-पिताकी सुने बिना करते हैं कुकर्म ओर।

काव्य तरंग पृष्ठ ८७

भाई बहन दाम्पत्य जीवन में विद्रोह:- पारिवारिक सामंजस्य स्थापित कर सामाजिक रिश्तों को सुदृढ़ करने में तत्पर रहना मूल्यों का सापेक्ष स्वरूप को दर्शाता है। पूर्वजों ने संयम से जीवन यापन कर मर्यादा पालन करना ईश्वर में आस्था नैतिक मूल्यों में आज गिरावट आई है।

लड़के लड़कियां लिव इन रिलेशनशिप जैसी सामाजिक बुराई अपनाएं हुए हैं वह पहले नहीं देखी थी।आज पाश्चात्य संस्कृति सिर चढ़ कर बोल रही है। चकाचौंध की दुनिया में अंधा युवा अपने कर्तव्यों का निर्वहन सामाजिक समरसता और आनन्द से नहीं करता बल्कि पुराने मूल्यों को ढकोसला मानकर उनका विरोध करता है। अतः समाज परिवार संस्कार हीन होकर अमर्यादित आचरण करने को उद्यत रहता है। पिया पुत्री भाई बहिन मौसी चाची चाचा आदि के अवैध संबंध बनाने की खबरें समाचार पत्र पत्रिकाओं में प्रकाशित होती है।यहां तक भी सुना है कि भाई बहिन मौसी आदि की संतान मोजूद है। यह संस्कृति और संस्कारों पर दुष्प्रभाव युवा पीढ़ी को भटकाव की दशा में लेजाकर दिग्भ्रमित करने वाले मूल्यों नकारना अत्यावश्यक है।आज वैचारिक मतभेद के कारण दाम्पत्य जीवन में विष घोल दिया गया है। रिश्ते नाते सब स्वार्थ प्रेरित होकर एक दूसरे को धोखा देने वाले होगये है। मानवीय मूल्यों का प्रभाव नगण्य सा प्रतीत होता जा रहा है।

भाई बहन का जो रक्षाबंधन का ध्येय रिश्तों में तनाव आने वाले स्वार्थ को दर्शाता है। आज देश में नैतिक मूल्यों को नकारना युवा पीढ़ी की नियति बन चुकी है। पैतृक संपत्ति में हिस्सा,हक त्याग कर देना आदि विषयों को लेकर एक दुसरे पर तीर चलाये रणभूमि में महारथी की भांति ग्रह युद्ध करते रहते हैं।विकल्प की कोई बात नहीं करता बल्कि लालच में आकर रिश्तों में तनाव उत्पन्न हो गया है।

चाची चाचा ताऊ, दादा,दादी,बुआ मामा,मौसी सब मूल्य हीनता की पराकाष्ठा को पहुंच गए हैं।

आज भाई बहन ओर रिश्तेदार आपसी सद्भाव प्रेमसे की जगह दूसरे के घर में शकुनि सा जाल बिछाए बैठे रहते हैं। मां की ममता मधुरता पिता का दुलार केंवल दिखावा मात्र रहगया है। खुशियां कम और अरमान बहुत शीर्षक कविता के माध्यम से कवि ने जीवन में उत्पन्न होने वाले वैमनस्य सम्पत्ति के बंटवारे को लेकर आपसी कलह छोड़ कर ईश्वर को धन्यवाद देना चाहिए क्योंकि उनकी कृपा ओर सद्बुद्धि सद्भाव से सारी समस्याएं हल हो जाएंगी।

भक्त बिना जिंदगी फिजूल
लेकिन साधना के भी होते उसूल
कहते हैं भक्ति में बहुत रोडे है

तेरी ही शरण में आया सब कबूल। पद्य प्रसून पृष्ठ ५१ आज भाई बहन दाम्पत्य जीवन के मामले न्यायालय तक पहुंचाने में अहम भूमिका है मूल्य हीनता ही है। युवा पीढ़ी के मन में आक्रोश भी है तनाव भी है भटकन भी है किंतु वह अपनी नैतिक मूल्यों की ओर थोड़ा भी ध्यान दें तो जीवन सफल हो सकता है हमारी मान्यताएं हैं कि लड़की का विवाह करने के बाद उसका पीहर पक्ष में किसी प्रकार का लेना देना नहीं होना चाहिए किंतु परिवर्तन के कारण आज समाज में केवल भात भरने तक ही सीमित न रहकर उसे पैतृक संपत्ति में हिस्सा लेना या त्यागना दोनों ही विकल्प खुले हुए हैं यदि परिवार में सामंजस्य है बुजुर्गों की बात मानते हैं तो संयुक्त परिवार प्रणाली की तरह मनोविकारों से मुक्त होकर मानव जीवन पर पड़ने वाले प्रभाव को देखें तो सामंजस्य आज भी है।कवि का आग्रह है कि सभी को मिलकर समाधान करना ओर रिश्तों को बरकरार रखना ही नैतिक जिम्मेदारी या नैतिक मूल्यों की रक्षार्थ संकल्पित होकर समाज कल्याण सम्भव है।आज हर तीसरे आदमी को लेकर कहना चाहता हूं कि आप अपने नैतिक मूल्यों को समझें पालना करेंगे तभी रिश्तों में सुधार होगा।अरे क्यों रोता है नर कविता के माध्यम से वैयक्तिक अनुभवों को साझा कर परस्पर विरोधी गतिविधियों को छोड़ कर सब का आदर-सत्कार किया जाएगा तभी नैतिक मूल्यों का संरक्षण होगा।

(ड) विद्रोही के साहित्य में विद्रोह:- पारिवारिक सामंजस्य का अभाव संघर्ष:आजकी महाभारत घर घर की रामलीला बन गई है। परिवर्तन प्रकृति का नियम है। पुरातन व्यवस्था में पिता पुत्र माता पुत्री बहन भाई हुआ चाचा मामा सभी के रिश्ते में सद्भाव सब प्रेम था किंतु कालांतर में देशकाल परिस्थितियों परिवर्तित होती गई और माननीय संवेदनाओं में दरारे पद्धति गई आज व्यक्ति केवल अपने हित की बात सोचता है परिवार कुटुंब समाज देश से उसका कोई लेना देना नहीं है केवल उसका उद्देश्य एक ही है निजी स्वार्थ की पूर्ति अपना काम बनता और भाड़ में जाए जनता। कवि विद्रोही युवा पीढ़ी को भटकाव से

रोकने का आग्रह करते हुए कहते हैं कि ईश्वर ने आस्था नैतिक जिम्मेदारी स्वीकार नहीं करते हैं क्योंकि पुराने मूल्यों में टकराहट होती है उनको उन मूल्यों में अविश्वसनीय रूप दृष्टिगोचर होता है।

स्त्री पुरुष ओर तीसरे आदमी का प्रवेश दाम्पत्य जीवन को विषमय बना देता है। प्रवेश का कारण घरेलू बातें या स्त्री पुरुष की मूलभूत सुविधाएं उपलब्ध नहीं होना भी कारण हो सकती है।

कवि ने मां मातृभूमि ओर मातृभाषा की दयनीय स्थिति पर चिंता जताई है तथा बाहरी क्षेत्र में वैदिक संस्कृत संस्कार सभ्यता को अपनाया जा रहा है युगानुरूप परिस्थितियां परिवर्तित हो

रही है। पाश्चात्य देशों में अजब-गजब बात है कि भारतीय समाज संस्कृति और संस्कारों को अपनाने की तगड़ी होड मची है। आज मथुरा वृन्दावन में विदेशी भक्त अपना सर्वस्व समर्पित कर ईश्वर की शरण में आगये है ओर हम रिश्तों के साथ खिलवाड़ कर रहे हैं।जो हमारे संस्कार सभ्यता थी उसे विदेशी अंगीकार करना कर्तव्य बोध समझे है।आज वक्त आगया है कि हमें पर्यावरण संरक्षण एवं सांस्कृतिक विरासत को बचाएं रखने हेतु समय-समय सामाजिक समरसता और परिवेगत पृष्ठभूमि को जानना जरूरी है। कविता जो मातृभाषा मातृभूमि सब भूलकर निर्लज्जता से बात करते हैं मम्मी को मोम

पापा को डैड कर संस्कार हीनता का परिचय देते हैं उन्हें मूल्य संक्रमण से ग्रस्त सोच का प्रतीक माना जाना चाहिए।

"हंसते जीते हैं पाश्चात्य संस्कृति अपना कर
देश में घटना घटती रहती नित्य नई कहानी
याद करो वीरों शहीद हुए देश की कुर्बानी
आज पर कटी नई हुई पति बना है किंकर
देखो आते-जाते बांट नहर का रहा चक्कर
अपना मूल कर्तव्य छोड़ दूसरों से करें प्रीति
ऐसा हो रहा आज नारी परवाह न कुल रीति
अनुसूया बने फिरती रहती घर हो या बाजार
देखो प्रेमियों को खुश कर पाए बहुत उपहार।"पद्य प्रसून पृष्ठ ८३

कभी नहीं भारत की लोक संस्कृति और संस्कारों का परस्पर सामान्य पौराणिक कथानक रामायण महाभारत आदि के चित्रों के माध्यम से मानव जीवन में खुशी प्रसन्नता एवं सामाजिक परिवेश में सामंजस बनाए रखने का एक प्रेरणा स्रोत के रूप में स्वाध्याय करने की प्रेरणा दी है तथा उन्होंने कहा है कि श्री राम श्री कृष्ण बुद्ध आदि के विचारों को समझ में अंगीकार करने से जीवन में आने वाली सुविधाओं का समाधान ढूंढ निकालना सरल होता है अतः मानव को इन पुरानी ग से ज्ञानार्जन करना चाहिए तथा भाभी पीढ़ी के लिए प्रेरणा के स्रोत बना ही श्रेयस्कर कर रहेगा।आज का खान-पान रहन-सहन आचार-विचार और संस्कारों में आने वाले बदलाव का प्रभाव क्षीरसागर सा गहरा हो गया है।आज की पीढ़ी अत्याधुनिक सुविधाओं में रत नशा करने एवं वर्तमान भौतिक सुख समृद्धि वैभव में सब विस्मृत कर चुकी है लेकिन शायद यह भूल गए कि कहीं न कही उस परमेश्वर का आशीर्वाद ही जीवन संघर्ष में तरणी बन जीव को तार सकता है। अतः हमारे पूर्वजों द्वारा प्रदत्त संस्कार सभ्यता हमे उच्च श्रेणी के नागरिक बनने मे सहायक सिद्ध हो सकते हैं।आज सनातन संस्कृतिको बचाने के प्रयास वैश्विक स्तर पर जोर शोर

से चल रहा है।जो युगानुरूप परिस्थितियां परिवर्तित हुई है हमारे पूर्वजों ने संयम शील नम्रता मर्यादा को जीवन का ध्येय रिश्तों में प्रेम और सहयोग माना उसकी पालना हमारा नैतिक कर्तव्य होना चाहिए।

(ग) सामाजिक संघर्ष ओर विद्रोह मतभेद :--- भारतीय समाज वर्ण व्यवस्था पर आधारित समाज है। पुरातन काल से लेकर आजतक मानवता साकार रूप में बढ़ती गई जो आगे चलकर महान् राष्ट्र के रूप में प्रतिष्ठित किया गया। इतिहास गवाह है कि अखंड भारत भूमि पर कोई भी देश आक्रमण नहीं कर सके। कालांतर में ऋषियों की तपोस्थली में राज काज समाज के समकक्ष कुछ मापदंड निर्धारित किए। राजव्यवस्था एवं परम्पगत राजा राज्यकर्ता ओर प्रजा की सेवा करता था। अंग्रेजों के आगमन पूर्व शक हूण यहुदी पुर्तगाली ने देखा कि व्यावहारिक मर्यादित आचरणसे भारतीय अतिथि सत्कार में प्रवीण है तो उन्होंने भारत में अपना आधिपत्य स्थापित करने में मदद मांगी ओर मिली। परिणामस्वरूप धीरे-धीरे इन्होने समाज ओर संस्कृति में विष घोल कर जाति धर्म और सम्प्रदाय में विभाजन की नीति को अपनाया ओर अखंडता संप्रभुता और एकता को खंडित करने में सफल हो गए जिससे समाज में वैमनस्य जाति धर्म और सम्प्रदाय में जहर फैलाया धीरे-धीरे दरार पड़ती गई ओर भारत गुलाम हो गया। आजादी के लिए हिंदू मुस्लिम सिख ईसाई और सभी जातियों ने मिलकर स्वतंत्रता सेनानी के रूप में मातृभूमि केलिए अपना सर्वस्व समर्पित किया तदतर हमें आजादी मिली है।भारत आजाद तो हुआ लेकिन कुछ सामंती सोच विचार धारा को लेकर भारत का विभाजन कर दिया। स्वातंत्र्योत्तर भारत में जो जातिगत समीकरण थे वे राजनीति चौसर खेलमें मोहरे बन कर तैयार हो गये ओर जातिवाद चरमोत्कर्ष पर पहुंच गया।

समाज में पौराणिक कथा श्री रामचरितमानस,रामायण, महाभारत और गीता जैसे पवित्र ग्रंथों पर प्रश्न- चिन्ह् लगाने वाले लोगो ने श्रीराम जी के अस्तित्व को ही नकार दिया।समय चक्र बारी बारी से घूमता रहता है।

स्वतंत्र उत्तर भारत में सामाजिक विषमता का जहर आज इतना फैला हुआ है कि एक व्यक्ति दूसरे की ऊपर प्रहार करने से बाज नहीं आता है आज समाज विभागों में बांटा हुआ है जातियों में बात हुआ है संप्रदायों में बात हुआ है हर व्यक्ति एक दूसरे की टांग खींचने में लगा हुआ है। समाज में रहते हुए भी मनुष्य एक दूसरे को नीचा दिखाने के लिए भर्षक प्रयत्नशील है यद्यपि प्रार्थना परंपराओं और मूल्यों का रस हुआ है किंतु आधुनिक नए मूल्य बने हैं वह मूलबी कुछ निर्धारित मापदंडों के रूप चलने के लिए प्रेरित हैं किंतु मनुष्य की प्रवृत्ति है कि वह घटनाक्रम को नवीन रूप में प्रतिष्ठित बुद्धि जीवी वर्ग हाथ पैर हाथ रखे हुए बैठा है जिससे सामाजिक संस्थाएं सरकारी प्रयास अधूरे रह गए हैं कवि की मान्यता है कि आज समाज का बुद्धिजीवी व

यदि निश्चित मापदंडों के अनुरूप चले तो मेरा विश्वास है कि समाज का प्रतीक प्राणी अपने दायित्व का निर्वाह करेगा नैतिक मूल्यों का निर्वाह करेगा और समाज को उन्नति की और अग्रसर करने में अपना विशिष्ट योगदान देगा। चिंता और चिंतन सिर्फ कविता के माध्यम से कई विद्रोही नहीं समाज में व्याप्त विषमता और इंसानियत्ता पर प्रहार करने वाले लोगों को जीतने का "प्रयत्न किया है और कहा है कि

हर इंसान चिंतित रहते है भविष्य की सोचकर
घर चिंतन करें धैर्य पूर्वक सुकून मिले मौजकर
चिंता कदम कदम पर जलावे है चिता एक बार
सोच कर सोचे नर नारी चेतना जगाई बार-बार
चिता में वह गुण है जो कि समाप्त करें एक बार
जन्म से बड़ा हुआ कदम रखे बचपन में खुशियां
ग्रहस्थ में जिम्मेदारी जीना और चिंतन सिखाया
वानप्रस्थ में चिंता सताई युवा पान में क्या किया

अर्थ कर्मरत रहे धर्मनिर्वाद चिंता ने चिता डराया। काव्य में राष्ट्रीय चेतना संवेदना संसार में सबसे विश्वसनीय बात आंचलिक परिवेश में भिन्नता देखने को मिल रही

"सात चक्र फेरे सात समुंदर सात वार" कविता में कवि ने वैयक्तिक जीवन को नयी ऊर्जा प्रदान कर अलसाई आंखों में धूल काव्य-संग्रह में पारिवारिक संबंध सामाजिक मापदंडों को समायोजित कर काव्य में नव्य प्रयोग किए है जिनसे पाठकों को विद्रोह करने की बलवती प्रेरणा प्रदान करते हैं।

मानव देह पंचतत्व में अथाह सागर भरा भावों के भीतर।
स्वर्ग नरक कहीं न है अंतर्मुखी व्यक्तित्व ज्ञान हेतु तत्पर।
सात चक्र फेरे सात समुंदर सात ओर सात बनाये है वार।
मानवशरीर नाशवान है जिसके हाड़ मांस से बना संसार।

विद्रोही ने आंधी में दीप प्रज्ज्वलित कर सकारात्मक ऊर्जा का संचार करते हुए विद्रोह को दबाने की अपेक्षा उजागर किया है विरोधी स्वर बनगये आपदा, देश नहीं बटने देंगे,शहर शहर आक्रोश, आक्रांताओं का महिमा मंडन क्यों?शीर्षक कविता में राजनीतिक इच्छा शक्ति छोड़े और देशभक्ति का परिचय दे। प्रस्तुत काव्य संग्रह की कविताओं में आक्रोशित ग्रामीणों को जागरूक करने हेतु उन्हें अपने कर्तव्य के साथ अधिकारों की हिमाकत करते हैं। भ्रष्ट लोकतंत्र का तमाशा कविता में देख सकते हैं

"देखो-देखो गधे हंस रहे हैं इंसान इंसानियत छोड़ रो रहा।

बेखबर बेचेत गहरी नींद में सो गया सुबह हुई न परवाह।।
भोमाराम की फाइल उड़ रही है क्योंकि वजन रखा नहीं।
उत्कोच के अभाव में कोई कार्य कारवाई समय पर कहीं।।

इस प्रकार अशोक के कथासुमन कहानी संग्रह में चर्चित पात्रों की कुंठा घुटन महसूस कर रहे हैं उनके विद्रोही स्वर आम आदमी को प्रभावित करने वाले हैं। मोहभंग उपन्यास की नायिका घर परिवार समाज और रिश्तेदारों की कुदृष्टि के विरूद्ध सख्त कदम उठातीं है लेकिन समाजिक सुरक्षा से डरकर छोटी बहनों की ओर देखकर समझोता करती एक पुत्र की चाहत में

अध्याय - द्वितीय

डॉ अशोक विद्रोही एक व्यक्तित्व कृतित्व व्यक्तित्व

वैयक्तिक जीवन में विद्रोह एवं नैतिकता :- नैतिकता और चरित्र मानवीय मूल्यों को स्थापित कर सामाजिक रिश्तों में आए बदलाव को सुनिश्चित करें ओर समाज संस्कृति और आधुनिकता से ओतप्रोत सांस्कृतिक मूल्यों को थोपे जाने का विरोध करते हुए निर्धारित मापदंड की पालना करना उनकी मनःस्थिति को समझकर सामाजिक समरसता का भाव जागृत करना चाहिए। क्योंकि पुराने मूल्यों को नकारना इसलिए आवश्यक नहीं कि परिवार सामाजिक संस्था है जिसका प्रभाव देश एवं नैतिकता को समझकर उसे अपने जीवन में ढालना अनिवार्य है। यदि मूल्यों के विरोध में कोई हस्तक्षेप करता है तो वह चरित्र को उजागर कर समाज कल्याण में बाधक तत्व रूप में सामने आता है तब-तब सफलता में रोड़े अटकाने का कारण बन जाता है। दीपशिखा सी सुंदर धार काव्य संग्रह कीकी कविताएं मानवीय मूल्यों को तिलांजलि देकर जनता जनार्दन दुखित हुई है तथा बालिकाओं के साथ होने वाले कुकृत्य करने वाले तत्वों को आगाह करते हुए कहते हैं कि हुड़दंग मचाने वाली बात यह कि इन्हें समाज मर्यादा व कानूनका का भय नहीं रहता है। इसलिए उन्हें कठघरे में खड़ा करते हुए फांसी पर लटका दिया जाएगा तभी दूसरे अत्याचार करने वालों को भी समझ आ जायगी।

वैयक्तिक सुख चाहत में अस्तित्व मानवीय सम्बन्ध स्थापित कर आकांक्षा हर पल प्रतिक्षण जरूरत होती है।यथार्थ को मानवीय सरोकार रखने वाले विषय वस्तु से भटकने की बात करते हैं।आज के भौतिकवादी दृष्टिकोण से देखा जाए तो निजी स्वार्थ और परिवेगत पृष्ठभूमि में व्यक्ति अपने आचरण को न देख कर बल्कि दूसरे में कमियां ढूंढने लगा है।कवि ने अपने विचारों को लेकर कविताओं में स्पष्ट लिखा है कि संसार में परोपकार से बड़ा कोई धर्म नहीं है। स्वयं के जीवन संघर्ष को आत्म विश्वास एवं वर्तमान समाज व्यवस्था में परिवर्तन की हालत गंभीर बनी हुई है जिससे युवा पीढ़ी को भटकाव से रोकने हेतु मूल्यों को स्थापित करने की जिददोजह में लगे हुए हैं।काव्य मंजरी की कविताएं मानवीय मूल्यों को स्थापित करने की आवश्यकता पर बल देने वाली बात करते हैं। "वक्त की आवाज "मैं कपूत हूं,"आज का इंसान", आज के इंसान की फितरत को लेकर चिंतित कवि मनोवेग से बात करते हैं बचकानी हरकतें करते लड़के-लड़कियां बुजुर्ग के प्रति अवमानना अपनी नैतिक जिम्मेदारी से भागने लगे हैं। जीवन चक्र कविता में वैयक्तिक चिंतन मनन करने वाली सृजनात्मकता को यथोचित सत्कार पूर्वक सभीवर्ग में एक नया एहसास है जो फैलते विष को रोकने में मदद मिलेगी महिला सशक्तिकरण पर जोरदार

स्वागत किया है तथा बालिकाओं को संस्कारवान बनाएं रखने में समाज राष्ट्र को समर्पित रहना चाहिए वैयक्तिक एकाकीपन में खुशी से जीवन व्यतीत कर अपनी-अपनी जगह पर कोई सफलता प्राप्त नहीं होती है।

"मां की ममता का कर सौदा लड़की हेय देखते हैं।

अबला जीवन स्रोत बनाकर मूर्ख भावों को हरते हैं"।१ आजका इंसान प्रेयसी का संघर्ष, मानवीय दृष्टिकोण शर शैय्या आदि कविताओं में प्रतीक रूप में वैयक्तिक संघर्ष को लेकर चिंतित है। व्यक्ति अपने नैतिक जिम्मेदारी स्वीकार कर लेतें है तब मानवीय संवेदना को परिष्कृत रूप में प्रस्तुत कर सकता है। लेकिन अपनी ढपलीअपना राग बजा रहे हैं बड़े छोटे की परवाह किए बिना रिश्तों में टकराहट यथार्थ को दर्शाती है। नैतिकता भूलकर निर्लज्जता पूर्ण रवैया अपनाते हुए ममता को भूलकर अहंकार के वशीभूत जीवन की राह से भटके हुए नौजवान को लेकर चिंतित होना मूल्यहीनता दर्शाते हैं।

अतः विद्रोह से कुंठित जनों को विद्रोही मन में सदाचार संयम और संस्कारों को लेकर नयी जाग्रति पैदा करने वाले महामानव की कल्पना करते हैं,कहते है कि

"सभी जीवन का आधार बनो सबके मन में रहे सदाचार।

जन्म कर्म से विशुद्ध होकर जगमे सर्वत्र हो प्रचार प्रसार।"२ आज का इंसान संकुचित विचारों व दकियानूसी प्रवृति को लेकर छलिया बनता जा रहा है।युगानुरूप परिस्थितियां परिवर्तित स्वरूप ओर मूल्यहीनता अधिक बढ़ रही है। इसलिए विद्रोही का विद्रोह बढ़ना स्वाभाविक है।इस सन्दर्भ में रिश्तों का खोखलापन मानसिक विकृतियों को लेकर नयी मानसिकता को बदलना होगा।

आजके इंसान को वैयक्तिक स्वार्थ से ऊपर उठकर देश की प्रगति में योगदान देने की बात कही है।काव मंजूषा की अपना पराया कविता इन्हीं तथ्यों को उजागर करती है। अपने पराए सब स्वार्थ प्रेरित होकर अपने आप को स्वार्थ में संलग्न करने हेतु आतुर रहते हैं। रिश्तों में टूटन बढ़ी है पुराने मूल्यों को नकारना युवा पीढ़ी को भटकाव की ओर अग्रसर दिखाई दे रहा है।"यह कैसी गरिमा" ज्वलंत उदाहरण है जो कि पारम्परिक रूप में प्रतिष्ठित मानवीय संवेदना को लेकर प्रस्तुत किया है।

"नारी अस्मिता लुट रही है नर नहीं देखे नारी ओर।

आपत्ति जताई तो नापो रास्ता दूसरा कहीं ओर"।३ निजी स्वार्थ में एक दूसरे को देख कर विरोधी स्वर में अनैतिकता को अपनाने वालों को आगाह करते हुए कहा है कि "छींटा-कशी छोड़ो" कविता में भाईचारा कायम रहे

अरे भाई धीर वीर दोगलापन क्यों करते हो।

नीति तज अनीति की आहे क्यों भरते हो।
प्राणी मात्र एक दूसरे का सहयोग सम्मान

तो हमारी प्रगति हो,होगा देश समृद्ध महान।४ आगे चलकर महान् बनने वाले सोचें कि व्यावहारिक जीवन में कोई हस्तक्षेप करता है तो उसे भी सम्मानित किया जाना चाहिए क्योंकि पुराने मूल्यों को स्थापित कर सामाजिक समरसता को बढ़ावा देने में उनकी भूमिका विशिष्ट ओर विश्वसनीय रहतीं हैं। इसलिए जीवन की खूबसूरती कविता में संघर्ष को आत्म विश्वास एवं मानवीय मूल्यों पर प्रश्नचिन्ह लगा दिया है। "लावारिस रिश्तों की बात,"अमीरी-गरीबी,"खंड-खंड पाखंड,"मैं उद्भ्रांत हूं"शीर्षक कविताओं के माध्यम से वैयक्तिक सुख चाहत में अस्तित्व बचाने वाले एक व्यक्ति से दूसरे को ईर्ष्या स्वार्थ द्वेष न करें,क्योंकि यह जीवन बार बार नहीं मिलता है। जीवन में अनुशासन और संस्कार सभ्यता नैतिकता भूलकर निर्लज्जता से जीवन व्यतीत करता है वह आत्मवेदना का शिकार हो रहे हैं। अतः सतत् जनकल्याणकारी नीतियां और योजनाएं बना कर भारतीयों के कल्याण में योगदान देना चाहिए। कविता संग्रह "स्वरांजली* की कविताएं कवि की वैयक्तिक चिंतन मनन और परिवेगत चुनौती को लेकर कहना चाहता हूं कि भारतीय संस्कृति में महिलाओं को अपने नैतिक मूल्यों को स्थापित करने में सक्षम बनाना चाहते हैं। गरिमा समाज ओर संस्कृति की,उजड़ता जीवन उद्यान,जलजला जीवन का, उच्चाटन मनका, न्याय को अन्याय से क्यों जोड़ियां, जज़्बात पर जोर नहीं हांसिए पर छोड़ा, हसरतें पूरी नहीं हुई जीवन खेल निराला, बेकारी बेरोज़गारी आदि कविताओं में युवा पीढ़ी की भटकाव कीओर गमन तथा बालिकाओं के साथ होने वाले अन्याय के विरोध में आग बबूला होकर युवा पीढ़ी का खुले स्वर में पक्ष लेते हैं तथा उनके भविष्य को लेकर चिंतित है। वास्ता जीवन का कविता में आजकल रिश्तों में तनाव उत्पन्न होने वाले वैमनस्य को उजागर किया है।

रिश्तों का खोखलापन मूल्यहीनता है या बोध।
जीवन के खेल निराले अंदाज में खेले वहीं शोध।
नैतिक मूल्यों का ह्रास हमें मिल कर होगें रोकना।
समाज कल्याण में यह बेकार है जीवन झोंकना।
आदमी मुसाफिर है ढूंढता रहता है वह मंज़िल।
क्यों विश्वास नहीं आपसी एक दूसरे के कातिल।
हर तीसरे घर में देख ले सब बने माटी के चूल्हे।

बात किसी की मानें नहीं अपमान कर रहे फूले। स्वरांजली काव्य संग्रह, पृष्ठ ७७ इस प्रकार की रचना कर रहे हैं जिन्हें भारतीय जनमानस में व्याप्त रूढ़ियों और परम्पराओं से ग्रसित हो रही

नारी जीवन विषाद मुक्ति मिले कैसे अधिकार छीन कर पुनः प्रयास किया जा सके कि नारीशक्ति स्वरूपा को समर्पित भाव पूजित बना सकते हैं।

(ख) पारिवारिक जीवन विद्रोह एवं नैतिकता:-आजके परिवेश में रिश्तोंमें टूटन घुटन महसूस किया जा सकता है लेकिन पुरुष सत्ता द्वारा संचालित कार्यकलाप ओर मूल्यहीनता अधिक बढ़ रही है। नैतिकता भूलकर निर्लज्जता की हद पार कर हिंसात्मक दमनकारी नीतियों को जन-जन तक पहुंचाना चाहते हैं तो संयुक्त परिवार प्रणाली में उत्पन्न गतिरोध जारी कर समाज को टुकड़ों में बांटकर विभाजन कर देशमें नैतिक जिम्मेदारी से दूर रहने को तैयार रहते हैं। शिक्षा अध्यापन और संस्कारों को नैतिकता से जोड़ कर चलना पड़ेगा तभी जाकर कोई नयी चेतना संवेदना को परिष्कृत रूप में प्रतिष्ठित किया जा सकता है।जिसके कारण दाम्पत्य जीवन में विविध प्रभाव पड़ रहा है। भारतीय संस्कृति और समाज में परिवार को प्रथम पाठशाला ओर मां को गुरु मान कर सम्मानित किया गया है इसलिए रामजी से पूर्व सीता, कृष्ण जी से पूर्व राधाकृष्ण बोलते हैं। भारतीय संस्कृति में सहजता से स्वीकार करते हैं महिलाओं को सदैव सम्मान की दृष्टि से देखा गया है।"नारीस्यत्र पूज्यंते रमंते तत्र देवता" वाली उक्ति सर्वत्र प्रचलित है।इस प्रकार विद्रोही ने बताया है कि परिवार में मूल्यहीनता अधिक बढ़ रही है। बड़े बुजुर्गों को सम्मानित करने की अपेक्षा उनका विरोध या अपमान करना मामूली बात होगयी।इसका प्रमुख कारण पाश्चात्य संस्कृति का प्रभाव भारतीय संस्कृति और संस्कारों को भूलकर कुचक्र कुमार्गगामी होते हुए अमर्यादित आचरण करने में तत्पर रहते हैं। युवा पीढ़ी को संस्कारवान बनाएं रखने हेतु समय-समय सामाजिक समरसता और मूल्यों पर आधारित समाज में परिवार को एकीकृत संयुक्त परिवार प्रणाली को मजबूत बनाने में मदद मिलेगी। महिलाओं की स्थिति पहले चारदीवारी तक सीमित थी लेकिन आज वह अपने निर्णय खुद ले लेती है। कुछ परिवार ही है जो उन्हें आगे बढ़ाने में सहायक है।बाकी रूढ़ियों परम्पराओं को लेकर पुराने मूल्यों को थोपे जाने वाले हैं। कलयुगी कालनेमी बगुलाभगतो है जो बहन बेटियों को लेकर दकियानूसी सोच कुत्सित मानसिकता को दर्शाता है।"ढोल गंवार शूद्र पशु नारी"कविता में नारी सशक्तिकरण व अस्मिता का जोरदार ढंग से स्वागत किया है। "दीप शिखा सी सुंदर धार" काव्य संग्रह की कविताएं मानवीय संवेदना संसार में कोई हस्तक्षेप नहीं करतीं हैं।"खंड-खंड पाखंड कविता"संग्रह स्वरांजली काव्य संग्रह में समकालीन परिदृश्यमें यथार्थ को दर्शाती है।"

धोबी के कारण मां सीता ने गर्भवती होकर दुःख पाया।

भावी पीढ़ी को संस्कारवान बनाने हेतु ग्रहत्याग अपनाया।"५ आज रिश्तों का खोखलापन मानसिक विकृतियों से भरा हुआ है समाज कल्याण हेतु कोई तैयार नहीं है। मां बाप भाई बहन

दाम्पत्य जीवन संतान सुख समृद्धि वैभव रोजगार ओर शिक्षित करना सभी का दायित्व बनता है।

"देखो आज जमाना तूने भी बहुत हदी कर दी।
घरवाली के आगे मां की ममता रद्दी कर दी।
कल्की आई लड़की आज घर में सरताज हो गयी।
आज मां की ममता बहु के सामने मुहताज हो गयी।*६इस प्रकार विद्रोही ने कहा है कि परिवार में मूल्यहीनता की पराकाष्ठा इतनी बढ़ रही हैं कि मां बाप भाई बहन संतान आपसी सद्भाव प्रेमसे रहने की अपेक्षा इर्ष्या द्वेष से अभिप्रेरित होकर विपरीत दिशा की ओर अग्रसर हो रहे हैं। मां बाप की बात न मानने वालो को आगाह किया है कि भूलकर भी अपमानित न करना अन्यथा भावी पीढ़ी को भटकाव से रोकने में असफल रहोगे। परिवार समाज संस्कृति और सभ्यता पहले बाद में रिश्तों ऐसे मानना ठीक है लेकिन पुरुष सत्ता द्वारा संचालित परिपाटियों व बातें समाज कल्याण हेतु ठीक नहीं है।आज प्रत्येक घर परिवार की एक ही रामलीला शीर्षक कविता में चारों आश्रमों में रहते हुए अपने नैतिक कर्तव्य विमुख होकर अपनों का अपमान किया जाता है। बुजुर्ग अपने आत्मसम्मान की रक्षा करने में असमर्थ प्रतीत हो रहा है!युगानुरूप परिस्थितियां परिवर्तित स्वरूप को विकसित करने में कवि ने

नरनारी सम्बंधों में विश्वास नहीं करगृहस्थ नहीं बिगड़ता।
दाम्पत्य जीवन में तमस दूर हो कैसे समाधान न सुनता।
सफेद बालों के अनुभव पर नहीं विश्वास कर है ठगाता।
कागजी पढ़ाई पर करें विश्वास यदि तो जीवन सुधरता।
सुविचार सुंदर वाणी नहीं लगे बूढ़ों की लगे कृपाण धार।
औपचारिकता हुई रिश्तों में परधन हथियाना हथियार।
कुत्ते को रोटी खिलाएं और घुमाने ले जाते घर बाहर।
बुजुर्गों से पूछते नहीं खाट पर लेटे मन ही मन विचार।७ नारी जीवन में हर जगह अत्याचार किए जा रहे हैं। छोटी-छोटी बच्चियों को देह व्यापार में लिप्त हो रही है।इसकी वजह जानना चाहा कि आज परिवार में मूल्यहीनता अधिक बढ़ रही है। मां बाप को उनके साथ होने वाले वैमनस्य या वैयक्तिक सुख में बच्चियां कुमार्ग पर चलने को आमादा है।कुछ पारिवारिक जीवन में घुटन त्रासदी वैचारिक उन्मेष दिखाई देता है। आर्थिक स्थिति अच्छी नहीं है बेकारी बेरोज़गारी तथा बालिकाओं को संस्कारवान बनाना उनका ध्येय नहीं। आजकल रिश्तों में तनाव उत्पन्न हो रहा है। स्त्री पुरुष सम्बंधों का सीधा प्रभाव भावी पीढ़ी पर पड़ता है। मध्यम वर्गीय परिवारों की स्थति सोचनीय है।बदले हम है संस्कृति नहीं कविता में आज के परिवेश में रिश्तोंमें टूटन

बढ़ी है पुराने मूल्यों को नकारना युवा पीढ़ी को भटकाव की ओर धकेल रही है। पहले गृहणी घरेलू कामकाज में व्यस्त रहती थी लेकिन आज पुरुष सत्ता पर काबिज हो रही है और संस्कारों को भूलकर कुचक्र में संलग्न रहती है।आज लड़कियां बाहर की बात करते हैं लेकिन जो घर में ही शोषण का शिकार हो रही है उनकी मनःस्थिति को लेकर कवि चिंतित हैं। कार्यालय व्यवहारिक जीवन में कहीं भी सुरक्षित नहीं है। पारिवारिक संवेदना और संस्कारों को जिन्होंने प्रत्यक्ष अप्रत्यक्ष रूप में प्रस्तुत किया है"मानव बना दानव" शीर्षक कविता में भाई बहिन के रिश्तों में तनाव आने लगा है।कब रुकेगा नारी शोषण कविता में पारिवारिक संघर्ष को लेकर नयी जाग्रति पैदा करने वाले तत्वों को अपनाकर मानवीय सरोकार से ओतप्रोत सांस्कृतिक विरासत में मिली विचार धारा को बदल दिया है। रिश्तों कीअहमियत , रिश्तों की टूटती श्रृंखलाएं,समय चक्र, जीवन का गणित, कब-तक होंगे कुकर्म, लाडली श्रद्धा की याद में, हल्द्वानी की रखेल, अंतर्मन की दशा आदि कविताओं में पारिवारिक सामंजस्य स्थापित नही होने पर युवा पीढ़ी को लेकर कहना चाहता है कि आज की भौतिक सुख समृद्धि वैभव को लेकर कहना चाहता है कि रिश्तों में सुधार की बात करते हैं।मां बाप भाई को भूलकर पत्नी सहित अन्य स्थानों पर रहकर वैयक्तिक सुख के लिए माता-पिता को नकारना युवा पीढ़ी में शिक्षा ग्रहण कर अनपढ़ बने हुए हैं।उस मां की तलाश कविता ज्वलंत उदाहरण है।

सुखी रहा जगत जब दुखियारी हुई थी दुनिया।
मां बाप खुश हुए थे घर में मची किलकारी।
ओलाद बड़ी हुई तो कुकर्म देख रोए महतारी।
गूमूत में सनी रहकर उसे सूखे पर है सुलाती।
पालने में लाड़ लड़ाकर प्रेम निंदिया है सुलाती।८

हुई न कामना पूर्ण मन जीवन कैसे होवे सुखिया। उक्त कथन में कविता को लेकर नयी जाग्रति करनी चाहिए। कितना बदल गया इंसान, पानी में आग लगी हुई है, और खो चुका बहुत जीवन में शीर्षक कविता में कवि ने आत्मकथा रूप में पारिवारिक संघर्ष एवं नैतिकता की परिधि से बाहर निकल कर अपनी दैनिक जीवन क्रिया एवं वर्तमान समय में रिश्तोंमें टूटन के कारण पारिवारिक सामंजस्य स्थापित कर पारिवारिक दायित्व बोध निभाने वाले जीवन संघर्ष भरा हुआ है।यहां आस्थावान है विद्रोही स्वर में स्वयं की व्यथा को जग की व्यथा कथा मानवीय मूल्यों से समझौता नहीं कर सकते बल्कि पुराने मूल्यों को स्थापित करने की बात करते हैं।

"खो चुका हूं बहुत कुछ जीवन के विभिन्न संघर्षों में ।
कुछ न पाया अंतर्मुखी बना राह चलते हुए अर्षों मे।
मैं हूं दर्पण जिसमें सबकुछ परछाई सा दीखे सत्य ।

जीवन शैली का बनाया खेल निराला सृष्टि है तत्व।"

अश्रु आंखों में काजल की कालिया रूप कृष्ण गगन।

नृशंस रूप था मेरे दिल से शुक्रिया किया नमन नैन।९ जीवन एक संघर्ष शीर्षक कविता में कवि हृदय की वेदना अंतरकी मिले नही बल्कि अपनों से दूर रहना सार्थक और सफल बनाने में बाधक नहीं है।वह दारुण दशा में भी अनुकूल प्रभाव सा गहरा नाता अम्बर धरा बीच सा बनाकर सब को एकीकृत कर चलने तथा पुराने रीति रिवाज लोक संस्कृति को बचाए रखना दुर्लभ है यह सोच कर उदास हो जाते हैं।मन की करूणा,जला चिराग कब बुझेगा,खून जब उबलता है,ढलता सूरज आदि कविताओं में कवि ने पारीवारिक जीवन संघर्ष भरा भोगा है,जो कि पारम्परिक रूप में प्रतिष्ठित परस्पर रिश्तों में आए बदलाव को नकारना मूल ध्येय मानना भी तर्क संगत नहीं है।"पद्य प्रसून काव्य संग्रह" की "रघुकुल सा घराना हो"आजका शुभ्रक,"पति-पत्नी ओर वो,जीवन झंझावात मन,मैं तो केवल सत्य कहूंगा, हमदर्द कोई नहीं जमाने में,अरे क्यों रोता नर?,आदि कविताओं में पारिवारिक संवेदना वैयक्तिक चिंतन मनन करते हुए जीवन मूल्यों को स्थापित करने का आह्वान किया है। "हथेलियों में ब्रह्मांड काव्य संग्रह" की कविताओ में पारीवारिक जीवन में जन्म से मृत्यु पर्यन्त संघर्षरत एवं अवमानना पर मानसिक तनाव एवं विद्रोही स्वर काव्यांजलि काव्य संग्रह में समकालीन परिदृश्यमें यथार्थ को दर्शाता है कि आज परिवार किस प्रकार प्रभावित हो रहे हैं घुटन वैचारिक मतभेद एक दूसरे से खुलकर बात करने में संकोच करना संयुक्त परिवार प्रणाली लगभग लुप्त प्रायः हो गयी है। स्वरांजली की कविता रक्षा बंधन या मन साधन कविता में पारिवारिक संवेदना वैयक्तिक चिंतन सम्बन्ध विच्छेद सद्भाव प्रेमसे रहने वाले भाई बहिन के रिश्तों में एक नया मोड़ आया है जोकि समसामयिक घटनाचक्र को लेकर चिंतित होना स्वाभाविक है क्योंकि संयुक्त परिवार प्रणाली में उत्पन्न वैमनस्य विघटन से ही समाज विश्रृंखलित हुआ है। खुद को सर्वेसर्वा बनने वाली प्रवृति बनचुकी है। रक्षाबंधन पर्व जोकि परिवार में सद्भाव प्रेमसे रहने का है लेकिन व्यक्तिगत हितपूर्ति में हिस्सा लिया है या नहीं हक त्याग कर दिया है कौन करे किसको मिला ये सब अनर्गल बातें करने वाले सोचें कि व्यावहारिक जीवन में बहन बेटियों को सम्मानित करने की अपेक्षा स्वयं गर्त में धकेल कर आजाद होना चाहते हैं। इसका सुंदर सा उदाहरण विषय-वस्तु रूप में विद्रोही ने बताया है। पारिवारिक जीवन एक उद्यान की भांति होता है जिसमें सभी अलगअलग विचार धारा प्रतीक रूप में होते हैं। लेकिन वही परिवार समाज संस्कृति और आधुनिकता में मान्य है जो कि पारम्परिक रूप से परस्पर समर्पित भाव से सेवा करते रहते हैं तथा एक दूसरे को सम्मान देते हैं। लेकिन जब विखडन होता है तब परिवार परिवार नही धर्मशाला बन कर रह जाता है। अर्थात परिवार उजड़ जाता है। एक दूसरे के प्रति स्नेह भाव खत्म कर शत्रुता का भाव रखने हेतु मां

निर्माता ही नहीं वल्कि विधाता भी है।

वह दीपक ही क्या जिसमे रोशनी का चिराग नहीं हो।
नारी ही क्या जो संस्कार सभ्यता सुर देवी रूप न हो।
दुःख रजनी बीच सुख रश्मियां करती जीवन में ज्योति।

हां!दुःख हां! दुःख दरिद्र भोगते हैं जगमे नर नारी पनोति।स्वर काव्यांजलि काव्य संग्रह पृष्ठ १०३ बांझपन गर्भपात भ्रुण हत्या दहेज प्रथा तलाक, विवाह पूर्व यौन संबंध बनाने एवं विवाहेत्तर संबंधों को लेकर चिंतित होना मूल्यहीनता दर्शाते है।इन विषयों का विद्रोही ने पुरजोर विरोध किया है तथा सामाजिक समरसता और परिवेगत चुनौती का सामना कर

(ग) सामाजिक जीवन में विद्रोह एवं नैतिकता -आजके परिवेश में रिश्तोंमें टूटन बढ़ी हुई है जो कि पारम्परिक रूप में प्रतिष्ठित करना दुष्कर कार्य है। मनुष्य वैयक्तिक सुख चाहत में अस्तित्व मिटाने को तैयार हैं लेकिन पारिवारिक परिवेश सामाजिक परिवर्तन में एक दूसरे को देख कर सोचने पर आमादा है कि खुद की बात न कर दूसरे की बात करते हैं। समाज कल्याण की ओर ध्यान आकर्षित करते हुए विद्रोही ने कहा है कि आज समाज जाति धर्म लिंग भाषा क्षेत्र आदि के सीमित क्षेत्र तक ही रह गया है। समाज संस्कृति और संस्कारों को भूलकर कुचक्र में संलग्न हो रहा है। राजनीति चौसर पर द्रोपदी नारी शक्ति को सम्मानित करने की अपेक्षा उसका पग पग पर अपमान करने को उतारू रहता है। परिवार समुदाय ओर संगठन मिलकर कुपोषण कुप्रभाव कुप्रवृत्तियों से आम जनमानस को एकजुट होकर चलने की अपेक्षा एक दूसरे की टांग खींचने में होशियारी समझता है। याज्ञसेनी खंड काव्य में पारिवारिक संवेदना वैयक्तिक सुख चाहत सत्ता मदमें चूर होकर कौरव पांडव दयुत क्रीड़ा में बेइज्जती महसूस करते हैं लेकिन जो उस समय की नारी शक्ति पर अत्याचार हुआ था वह आज भी हावी हो गया है और संस्कारों को भूलकर कुसंस्कृत मानवीय मूल्यों को थोपे जाने वाले मतभेदों को लेकर कहना चाहता है कि समाज में मुखियाओं को जो महत्व दिया जाता था आज उन नियमों व परम्पराओं का ह्रास होता दिखाई दे रहा है। समाज में व्याप्त रूढ़ियों और परम्पराओं को तोड़ कर युवा पीढ़ी को उन्नति की नई ऊर्जा उमंग और आत्मविश्वास पैदा करने की बातें करते हुए जीवन मूल्यों को नकारना नहीं वरन् सामाजिक समरसता को बरकरार रखना होगा तभी समाज कंटकों को खत्म कर समाज कल्याण संभव होगा। कालिया नागों से पीड़ित शोषित नारीको धकेल दिया है। समाज के ठेकेदार बन गए हैं नारी-समस्याएं में एक नया एहसास हुआ कि वह आत्मनिर्भरता की राह पर निकल गई है जिसमें इतिहास वर्णित कथाएं प्रेरणास्रोत बनी है।वह मां, बाप भाई बहन आदि के रूप में समाज की प्रेरणा स्रोत बनीं है। कहां छुपा है कालनेमी बगुलाभगत जो

फैलते विष से समाज को टुकड़ों में बांटकर विभाजन से जातिवाद धर्मवाद व साम्प्रदायिकता से समाज को दिशा के विभिन्न क्षेत्रों से आने वाली बुराई को खत्म करने का आह्वान करते हुए विद्रोही ने युवा पीढ़ी को वैयक्तिक जीवन में जो कुछ परिवर्तन कर परिवार समाज और देश केलिए सदैव समर्पित भाव से सेवा में आगे बढ़ाने वाली सृजनात्मकता को यथोचित सम्मान से नवाजे जाने से सर्वे भवन्तु सुखिन सर्वे संतु निरामया की भावना से प्रेरित होकर अपने नैतिक मूल्यों को स्थापित करने में तत्पर रहना चाहिए।अवसरवाद की पराकाष्ठा,दामन को समेटे हुए दाग, हमदर्द कोई नहीं जमाने में,भारत की लोक संस्कृति,आदि कविताओं में पारिवारिक संवेदना शून्य जीवन को सफल बनाने में बाधक तत्व को दूर करने में आगे आने का आह्वान किया है। कुरूक्षेत्र रणभूमि से संदेश शीर्षक खंड काव्य, हथेलियों में ब्रह्मांड,दीप शिखा सी सुंदर धार काव्य संग्रह, काव्यांजलि की कविताएं मानवीय संवेदना को स्थापित करने में तथा समस्त संसार में नारीशक्ति स्वरूपा भगवती को रौंदा जाने का खुला विरोध स्पष्ट परिलक्षित है। काव्य मंजूषा, काव्य तरंग, काव्य धारा, काव्य माधुरी की कविताएं समाज ओर परिवार को एकीकृत संयुक्त परिवार प्रणाली में उत्पन्न वैमनस्य विघटन संत्रास भय, घुटन महसूस करते हुए जीवन मूल्यों की टकराहट रोकने को लेकर चिंतित हैं।अरे नालायक कब सुधरेंगे,भूलगया मैं तेरा मेरा, जिंदगी इम्तिहान लेती है, चिंता चिता ओर चितवन मानवीय सरोकार रखने में सहायक सिद्ध होने वाली कविताएं हैं जो समाज को नूतन परिवर्तन का संकल्प ओर संकेत देती दिखाई देती है।आज समाज जिन विसंगतियों से ग्रसित हो गया है उन कुंठित वास्तविक जीवन दर्शन को समझना होगा।नीम सी कड़ुआहट,मानव बना दानव शीर्षक कविता में कवि हृदय में उमंग नयी जाग्रति पैदा करने वाली सृजनात्मकता को स्थापित करने में तत्पर रहते हुए भटके युवाओं को आगे बढ़ाने वाली सृजनात्मकता को जगाने एवं नैतिकता और चरित्र को उजागर करने से भावी पीढ़ी को एक नया मार्ग प्रशस्त कर सकते हैं।आज के व्यक्ति की धारणा कुत्सित व्यवहारसे जनमानस को भटकाव की ओर धकेल रही है। जिससे समाज रसातल को जा रहा है।आज युवा ईधर-उधर भटकाव से दूर हो रहा है निजी क्षेत्र में रोजगार के अवसर ढूंढने लगा ओर देश-विदेश में अच्छा धनार्जन कर रहे हैं। लेकिन समाज में सरकारी नौकरी को रोजगार माननें की अवधारणा में जीवन खपा देते हैं ओर फिर हिम्मत नहीं जुटा पाते कि इतना पढ़कर छोटे कार्य एवं व्यवसाय खेती आदि कार्यों में भी सफलता हाथ नहीं लगती।आज नारी सशक्तिकरण के ढोल पीटने वाले सोचें कि व्यावहारिक जीवन में नारी अस्मिता बचानेमें समाज कितना सही फ़र्ज़ निभा रहा है।पराई स्त्री को कुत्सित मानसिकता से सिक्त रहकर वैयक्तिक सुख चाहत में छोटी-छोटी बच्चियों को अस्मिता की शिकार बना डाला है। विवाह पूर्व यौन संबंध बनाने से विवाहेत्तर संबंध बनाने और नूतन प्रतीक

अध्याय- तृतीय

डॉ अशोक विद्रोही का व्यष्टि समष्टि गत अध्ययन

(क) जीवन परिचय:- लेखन कला भी अपने आप में एक विराट कला है कहते हैं कि जहां पहुंचे न रवि वहां पहुंचे कवि अर्थात कवि की कल्पना प्रकृति में संचार होने वाली वायु की तरह मनोविकारों से प्रसारित होती है तथा काव्य सृजन की प्रेरणा देती है।जैसा कि महर्षि वाल्मीकि के ह्रदय में विरह की वेदना ने काव्य स्वरूप में रामायण जैसा महान ग्रंथ लिखा तुलसीदास जी ने रामचरितमानस लिखा सूरदास ने सूरसागर लिखा तथा वर्तमान कवियों में निराला की जो राष्ट्रीय चेतना है वह चेतना उनके काव्य में स्पष्ट परिलक्षित होती है।धन्य! धन्य! है वह धरा ऐसे प्रतिभाशाली साहित्यकारों को जन्म देती है जो समाज राजनीति एवं परिवार की चेतना को विस्तृत स्वीकृति प्रदान करते हैं।देश कल परिस्थितियों के अनुरूप हिंदी साहित्य में विविध विद्वानों ने लेखनी चलाई, साहित्य को नवीन स्तर पर ले जाने के लिए कथा नाटक निबंध एवं कविताओं के माध्यम से नए-नए सामाजिक संघर्षों कुंठा विद्रोह विसंगतियों एवं रूढ़ियों का विरोध करते हुए समाज को नई गति प्रदान की है।हिंदी साहित्य के सशक्त हस्ताक्षर प्रतिभा की साक्षात मूर्ति डॉ अशोक कुमार विद्रोही के जीवन का विस्तृत विश्लेषणात्मक अध्ययन प्रस्तुत करने का मैं विनम्र प्रयास कर रही हूं। जाति धर्म लिंग के भेदभाव से ऊपर उठकर सभी के कल्याण हेतु तत्पर रहते हैं।मैं गुरू रूप में सदैव सच्चाई का मार्ग प्रशस्त करने वाले विद्रोही जी को शत शत नमन करती हूं ,जिससे उन्हें जानकर आश्चर्य हुआ कि एक साधारण दिखने वाले इतने प्रतिभा सम्पन्न दिव्य भूधर है। वाग्देवी मानो मुखारविंद से आशीर्वाद दे रही है।

(क) जन्म एवं शिक्षा :- पुरातन मत्स्य नगर अर्थात अलवर जिले के राजगढ़ तहसील में एक छोटा सा गांव है वह चिततोश जहां डा अशोक विद्रोही का जन्म हुआ तथा वहीं बड़े पले तथा अपनी जीवन की शुरुआत चित्तोस ग्राम से की उस समय उनके गांव में सुविधाओं का अभाव था। बचपन में पढ़ाई पास में धमरेड गांव में की तथा राजगढ़ से सैकंडरी सीनियर सेकेंडरी एजुकेशन पूर्ण कर लिया। राजकीय स्नातकोत्तर महाविद्यालय राजगढ़ से स्नातक किया। राजस्थान विश्वविद्यालय जयपुर से हिंदी में एम.ए. प्रथम श्रेणी उत्तीर्ण एमफिल और पी-एचडी केंदीय संस्कृत संस्थान नव दिल्ली से शिक्षा शास्त्री,सलेट(पात्रता परीक्षा) एवं एम. ए.इन एज्यूकेशन में शिक्षा पूर्ण की। सहज और सादगी पूर्ण जीवन, वाकपटुता,चट मंगनी पट ब्याह की प्रवृत्ति विद्यार्थी जीवन में भी संघर्ष एवं विद्रोही,सत्य पर अडिग रहना प्रमुख प्रवृति थी।

जिसका प्रभाव इनके साहित्य में स्पष्ट परलक्षित है। चरित्र चित्रण में परोक्षरूप में आत्मानुभूति से जुड़े यथार्थ को इंगित करते हुए दर्शाया है।बचपन गरीबी से जूझरहे थे तथा सुविधाओं का अभाव संयुक्त परिवार प्रणाली के चलते सामाजिक और पारिवारिक दबाव बना रहा।गांव में आवागमन के संसाधनों का अभाव कीचड़ भरे रास्तों में कई बार संसाधन फंस जाते तबअन्य साधनों से आना-जाना होता था। यद्यपि परिवार शिक्षित था लेकिन जो बाल्यकाल में स्नेह मिलना चाहिए उसका सदैव अभाव रहा जिससे शिक्षा का माहौल नहीं बन पाया और मानसिक विकृतियों ने एकाकी ओर विद्रोही बना दिया।

(ख) कार्य-व्यवसाय:- एम.ए.उत्तीर्ण होते ही कांटेक्ट पर एज ए व्याख्याता सर्वप्रथम सेठ गंगाधर शिवभगवान पटवारी कालेज बगड़ झुंझुनूं में अध्यापन कार्य प्रारंभ किया। कुछ समय बाद एस.एस.जी पारीक कालेज जयपुर,राजकीय महाविद्यालय राजगढ़,बांदीकुई,राजकीय स्नातकोत्तर महिला महाविद्यालय दोसा श्री कल्लाजी वैदिक विश्वविद्यालय कल्याणलोक जावदा, विभागाध्यक्ष हिन्दी निम्बाहेडा चित्तौड़गढ़ विवेकानंद महिला महाविद्यालय मंगलाना प्राचार्य डीडवाना में सम्प्रति राजेश पायलट स्नातकोत्तर महाविद्यालय लालसोट दौसा में हिंदी सहायक आचार्य के रूप में सेवाऐं दे रहे हैं।

(ग) माता-पिता भाई-बहन पत्नी संतान :--

डॉ अशोक कुमार शर्मा "विद्रोही" को (शास्त्री)उप नाम नाम से भी सम्बोधित करते है।गरम स्वभाव ओर अनुशासन प्रिय इनका पारिवारिक शैक्षणिक एवं दैनिक जीवन का समय प्रबंधन आज भी देखा गया है।

पिता श्री गजानंद शर्मा (सेवानिवृत्त अधयापक) माता श्रीमती चंदा पत्नी(सफल ग्रहणी) श्रीमती कृपा शर्मा जो कि व्यावहारिक मर्यादित सेवाभावी, कदम से कदम मिलाए सुख दुःख में साथ देने वाली सफल गृहणी है।

दो भाई बड़े दो बहिन छोटी है।दो पुत्र हुए बड़ा नितिश कुमार बी.टेक कर कम्पनी में नौकरी करता है।छोटा बेटा बी.एस.सी बी.टेक कर रहा है।

जीवन में पड़ने वाले प्रभाव :--- हर व्यक्ति के जीवन में कोई न कोई आदर्श होता है। साहित्यकार समाज सृष्टा प्रत्येक रचनात्मक कार्य को लेखनी से संदेश रूप में प्रतिष्ठित कर समाज मे नयी जाग्रति पैदा करते हैं। जीवनशैली भंगार हुई थी विवाहोपरांत धर्मपत्नी ने जीवन में परिवर्तन कर प्रेरणास्रोत बन गई।

(घ) अभिरुचि :- धार्मिक आदर्श मर्यादित आचरण में रहकर विद्यार्थी जीवन से ही ईश्वर के प्रति श्रद्धा विश्वास आस्था सम्मान व भक्ति भावना कूट-कूट कर भरी हुई हो यह सब ईश्वर की कृपा बिना संभव नहीं है। पूजा अर्चना करना व ज्योतिष शास्त्र में प्रचलित उपाय मंत्रों द्वारा कर जनमानस को लाभान्वित करने में तत्पर रहते हैं। ज्योतिष,श्रीरामचरित मानस श्रीमद्भागवत गीता वेद पुराण उपनिषद् एवं संस्कृत साहित्य में अनेक पुस्तकों का सम्यक ज्ञान का प्रचार प्रसार करने हेतु सदैव तत्पर।साहित्य समाज संस्कृति संस्कार सभ्यता और सहयोग की भावना आध्यात्मिक चिंतन मनन ओर परोपकारी भाव सदैव तत्पर रहते हैं। गौसेवा हेतु गौशालाओं में सहयोग व सेवा देना भ्रमणशील रहकर कर सनातन संस्कृति का प्रचार प्रसार करना प्रमुख ध्येय है।

(आ) कृतित्व :- डॉ अशोक विद्रोही कवि के रूप में प्रतिष्ठित विद्वजनों में ख्याति लब्ध है। साहित्यकार का धर्म है जो कि समाज कल्याण हेतु समय-समय पर जनमानस को लेकर नयी जाग्रति पैदा करे और सामाजिक कुरीतियां दूर करने हेतु समाज को उचित मार्ग प्रशस्त कर भावी पीढ़ी में नवीन चेतना उभारने का सतत् प्रयास करें। साहित्य समाज का दर्पण है कि वह यथार्थ को दर्शाता हुआ जीवन शैली बदले हुए हालात को समझ कर साहित्य सृजन करता है वहीं सफल साहित्यकार कहलाता है। इस संदर्भ में डा विद्रोही के साहित्य में दलित शोषित पीड़ित वंचित ग्रामीण एवं शहरी जीवन का यथार्थ नारीशक्तिके स्वरूप पारिवारिक जीवन सुखद अहसास करें ऐसे जीवन को साहित्य में उभारा है।इनके साहित्य का अध्ययन किया और वर्तमान जीवन दर्शन को लेकर कहना अतिशयोक्ति नहीं होगी कि व्यावहारिक जीवन में भी कष्ट भोगते ग्रामीण की परिस्थितियों को समझ कर साहित्य में स्थान दिया है।

(क) जीवन पर पड़ने वाला प्रभाव:---जीवन में आगे बढ़ने के पीछे किसी न किसी की कृपा अवश्य होती हैं। अतः जीवनशैली में परिवर्तन ओर सफलता के पीछे रहस्य प्रभूकी लीला से ही संभव हो सकता है। भौतिक रूप में मायावी संसार में मोह माया के फंदे से परे रहकर विद्यार्थी जीवन से ही पौराणिक विषयों पर चर्चा करते रहने से भगवत भक्ति शक्ति श्रद्धा से संत विप्र सेवा की भावना श्रीराम चरित हनुमान जी ओर गुरु चरणों में समर्पित भाव से श्रद्धा का प्रभाव यह रहा कि व्यावहारिक जीवन में कोई भी कष्ट आया स्मरण मात्र से ही दूर हो जाते हैं। साहित्य की बात करते हैं तो भारतेन्दु मैथिली शरण गुप्त प्रेमचंद प्रसाद निराला दिनकरअज्ञेय रांगेय राघव ओर यादवेन्द्र शर्मा चन्द्र का प्रभाव जीवन में विशेष महत्व रखता है।डॉ अशोक का कृतित्व कथाकार की अपेक्षा कवि हृदय कहना कोई अतिशयोक्ति नहीं होगी क्योंकि उन्होंने समाज राजनीति राष्ट्रीय चेतना एवं वैयक्तिकता से ओत-प्रोत सत्तर से अधिक काव्य-संग्रह लिखे हैं जिनमें यथार्थ सम्यक ज्ञान और गूढ़तम रहस्यों को उजागर किया है युवा पीढ़ी,वृद्धजन सम्मान राजनीति फंगस

को बढ़ने से रोकने व देशविरोधी गतिविधियों में शामिल होने वाले भीतर घात लगाकर देश को कमजोर करने वालों पर सख्त कार्रवाई की मांग की है वहीं बढ़ते अत्याचारों नारी अस्मिता को लेकर विभिन्न पहलुओं को उजागर किया है जिसका विश्लेषण परक अध्ययन अपेक्षित है।

डॉ अशोक विद्रोही के साहित्य में राष्ट्रीय चेतना शीर्षक से पुस्तक प्रकाशित हुई जिसके लेखक डॉ गोरेलाल मीणा राजकीय महाविद्यालय करोली में सह आचार्य हिंदी पद पर कार्यरत हैं। अशोक विद्रोही के काव्य में ज्योतिषीय दृष्टि पुस्तक की लेखिका डॉ वंदना शर्मा प्राचार्य द्वारा लिखित पुस्तकें प्रस्तुत पुस्तक लेखन में सहायक सिद्ध हुई है।

कथा साहित्य :----- डॉ अशोक विद्रोही ने सभी विधाओं में लेखनी चलाई है चाहे गद्य हो या पद्य।कहानी-संग्रह कथा सुमन, टूटते रिश्तों की डोर,बात समुंदर पार (अप्रकाशित)

उपन्यास साहित्य:-------- मोहभंग,(अकथ कहानी प्रेम की) अप्रकाशित

आलोचनात्मक ग्रंथ:--- स्वातंत्र्योत्तर हिन्दी कविता में राजस्थान का योगदान,कृष्णा सोबती एवं मैत्रेई पुष्पा के उपन्यासों में मूल्यबोध,गोदान में कृषक संघर्ष,बृहज्जातकम में राजनीतिक आर्थिक सांस्कृतिक संघर्ष ,तुलसीदास कृत श्रीरामचरितमानस में ज्योतिषीय दृष्टिकोण

काव्य संग्रह:--------- काव्य मंजरी,काव्य धारा,काव्य सरिता,काव्य प्रवाह,काव्य मंजूषा,काव्य माधुरी काव्य तरंग,पद्य प्रसून, मेरी प्रिय कविता,काव्य स्वराजंलि,गुंजन आंधी में दीप जलाए,अलसाई आंखों में धूल,खंडित- अभिमान

खंड काव्य ------- कुरुक्षेत्र रणभूमि से संदेश,याज्ञसेनी, मणिकर्णिका,चित्तौड़ का गौरव (पृथ्वी राज चौहान) अप्रकाशित

यात्रावृत्त :-मेरी दक्षिण पश्चिम भारत यात्रा,

पत्र पत्रिका :--भारत का लाल साप्ताहिक पत्रिका सम्पादक

पुरस्कार ज्योतिष शास्त्र में शिरोमणि

कथा साहित्य का संक्षिप्त परिचय:-

कथा सुमन:---- कहानी संग्रह की समस्त कहानियां समाजिक सुरक्षा पारिवारिक संवेदना वैयक्तिक चिंतन आर्थिक विपन्नता,विवाह जैसी सामाजिक संस्था,नारी अस्मिता, अनमेल विवाह तलाकशुदा महिला शक्ति और साहस को परिवार समाज कल्याण से ओतप्रोत सांस्कृतिक विरासत की खूबसूरती और रूढ़ियों परम्पराओं से परे रहकर समाज में नयी जाग्रति पैदा करने वाली कहानियां, साथ ही

सामाजिक मर्यादाओं को लेकर चरित्र चित्रण प्रस्तुत किया है। सामाजिक समरसता का भाव विद्रोही के साहित्य में दलित पीड़ित वर्ग की समस्या प्रधान कहानियां हैं जो परिवर्तन चाहते हैं

तथाकथित सभ्य समाज की महिला शिक्षा ओर रोजगार की चाहत में अस्तित्व बचाने का संघर्ष करतीं दिखाई देती है।मां माटी ममता से लगाव रखने वाले लोगो को पता है कि आज परिवार में नारी शक्ति को पहचान कर उसके उज्ज्वल भविष्य को संवारने और सहयोग करेंगे।आज स्त्री पुरुष से कंधे से कंधा मिलाकर प्रत्येक रचनात्मक कार्यों में सहयोगी बन पुरुष की संगिनी बन कल्याणकारी योजनाएं चला रही है। रचना का प्रेम,व अन्य कहानियां हैं अन्तर्वासना को लेकर कहना लेखक की दूरदर्शिता का परिचायक हैं।

टूटते रिश्तों की डोर:- आजके परिवेश में तथाकथित सभ्य समाज में व्याप्त वैचारिक मतभेद उन्मेष व्यक्ति से एक दूसरे को हीन भावना से ओतप्रोत उन्माद पैदा करने में तत्पर रहते हैं। आदर्श विवाह से उत्पन्न दाम्पत्य जीवन में उतार चढ़ाव देखने को मिलता जिससे सामाजिक मापदंडों को अनुकूलित करने की बात नहीं मानी जाती है जिसमें रिश्तों में कड़वाहट बढ़ती जा रही है। विद्रोही की कहानियां पारिवारिक जीवन में व्याप्त अशांति और छोटे बड़े मर्यादा से अलग-अलग राह में चलने के कारण पारिवारिक विघटन कुंठा घुटन तनावग्रस्त महसूस करते हैं।"उजड़ा सुहाग"शीर्षक कहानी में विधवा जीवन में होने वाली विसंगतियों व पीड़ा भोग रही नारी जीवन की वस्तुस्थिति को यथार्थ स्वीकृति प्रदान करते हैं। गुलाब जैसी अस्मिता के लिए संघर्षरत स्त्रियों की दशा एवं दिशा को नियति का खेल निराला कहानी में देखा गया है। संस्कृति और संस्कार कहानी में सनातन धर्म और परम्परागत रहन-सहन जीवन दर्शन को नवीन आयाम के रूप में देखा गया है।

मोहभंग उपन्यास:- प्रस्तुत उपन्यास का आधार भारतीय नारी के जीवन में किस प्रकार की उलझनों में एक सूर्य की किरण के रूप में

कोई मिलता है तथा मेघ गर्जन करते हुए जीवन संघर्ष भर लिया हुआ मानो मन माटी ओर ममता से आहत एक मद यौवन में मस्त दुनिया दारी से परे रहकर वैयक्तिक अनुभवों को साझा करती है। बचपन जवानी ओर वैवाहिक जीवन तीन स्टेज पार कर जीवन यापन कर रही शिक्षित नारी के मन-मुताबिक जीवन साथी न मिलने की की कामुकता शांत नहीं हुई तो वह दारुण दृश्य किस को कहे कौन?सुने इस आपाधापी में कब तक नारीजीवन में फैला तमस दूर हो सकेगा। एक दिन खाना खाने बैठे हुए थे तभी अचानक एक गांव से मेहमान आए त्वरित रूप में देखा था लेकिन मां उसके रिश्तेदार के गयी थी। रिश्ते में फूफाजी जिन्होंने प्रत्यक्ष अप्रत्यक्ष रूप में बच्ची को गोद ले लिया और उसके शरीर को सहलाते हुए कहा कि बेटी भाईबहन कहां है सामंती सोच एवं घिनौनी हरकत करते रहे। बालिका को मन में डर सताने लगा ओर छुड़ा लिया भागगई।दिन गुजरते गुजरते माह गुजरे पढ़ाई पूरी होने से पहले ही विवाह करने की बात करते रहे और छोटी बहनों का भी पढ़ाई-लिखाई का खर्च दादी अध्यात्मिक दर्शन एवं ईश्वर के प्रति

आस्थावान रहकर घर परिवार समाज कल्याण के कार्यों में सहयोगी बन गई। पिता जी नशा करने वाले थे।मां सफल गृहणी को लेकर कहना है कि उन्हें घर के कार्यों में फुर्सत नहीं मिलती जीवन एक सपना सा लगता था।

विवाहोत्सव में खुशियां मनाई गई लेकिन मन में एक कषक थी जिसके कारण पुरुष सत्ता के प्रति अविश्वास। क्योंकि बाल्यकाल से जवानी में भी अपनों द्वारा किए गए कुप्रयासों की शिकार हुई नाबालिग लड़की को जब विवाह पूर्व यौन संबंध बनाने का आग्रह किया यह घिनौनी हरकत करते हुए पुरुष की बात,लड़की की विवशता आदि विषयों पर चर्चा करते हैं लेकिन आज न जाने कितनी द्रोपदीयों के चीर हरण करने वाले दुर्योधन दुशासन शकुनि जयद्रथ घरों में है।विवाहोपरांत ससुराल में तीन से पांच दिन रहने की परम्परा है जो कि सनातन संस्कृति में महिलाओं को लेकर नयी नवेली दुल्हन को पति गृह में सुहागरात मनानी होती है।उस दिन जब सुहागरात को पति पत्नी का प्रथम मिलन हुआ तो पति-पत्नी सम्बन्ध नहीं किया गया और टकराहट हुई।बात बढ़ना शुरू हो गया पुनः घर जाने पर वहां दुबारा जाने की बात नहीं भेजने पर मोहर लगाई गई। लड़के-लड़कियां सामाज में एक बार मिले थे क्या मालूम शर्म के कारण भीत स्वर में बोली कृष्णा निर्लज्ज होकर।समय परिवर्तन हुआ वापसी हुई। जीवन से मोहभंग हो गया था और घर परिवार समाज मां बहन बेटियों छोटे भाई पिता के विषय में ठंडे दिमाग से सोच समझ कर निर्णय लिया गया कि पुनः प्रयास किया जा सकता है लेकिन शायद ईश्वर को यही मंजूर था।दिन व्यतीत करते हुए नये मूल्यों से समझौता करना ही बुद्धिमानी थी।एक कन्या ने जन्म लिया कोई भी चीज का सहयोग नहीं मिल रहा था, किंतु मुझे भाई बहन ओर पापाजी की इज्जत की दुहाई देकर शांत भावसे रहने को कहा ओर मैं पालन करते हुए जीवन संघर्ष में अकेली लड़ती रही। बच्चा पेट में मर गया बार बार डाक्टर सलाह हकीम वैद्य जी दवाऐं दी किंतु कोई मतलब नहीं। फिर ननद के जानकार शास्त्री जी से बात करते हुए कहा तो पांच साल बाद पुत्र होने की बात कही। मैंने कहा एसा भी कोई होता है कि ओर पांच साल बाद पुत्र मोहमें सम्पर्क किया तो शास्त्री ने कहा कि पूर्व जन्म के कर्मो का प्रारब्ध है। उनके न मानने पर तमिलनाडु गये ओर वहां पर नाड़ी ज्योतिष शास्त्र में प्रचलित दम्भ इम्प्रैशन से जन्म नाम पिता भ्राता मां बहन भाई पूर्व जन्म अगले जन्म का पता लगाया जा सकता है लेकिन पता नहीं चल पाया पुनर्जन्म में विश्वास नहीं करते हैं बचकानी हरकतें समझा किंतु शास्त्री जी ने पहले ही सबकुछ बता दिया था। जब वैदेश्वरन कोइल में स्वामी देवा ने वही निकाला जो शास्त्री जी ने कहा। शास्त्री जी से क्या पूर्व जन्म का रिश्ता है तो बताया किआपने इनका जीवन खराब किया था भोगना पड़ेगा।इस प्रकार पूजन किया ओर सबकुछ ठीक रहा।

अकथ कहानी प्रेम की ----- प्रस्तुत उपन्यास में एक व्यक्ति परिवार की संरक्षा एवं सुरक्षा के

लिए संघर्षरत रहता है और समाजिक परम्पराओं व मां बाप की अन्तर्वेदना के समक्ष नतमस्तक हो जाता है। बात यही नहीं खत्म होती है उन्हें त्याग समर्पणकी मिशाल कायम करने केलिए अपने अस्तित्व पर सवालिया निशान खड़े हुए हैं उनका निशब्द रहते हुए उत्तर प्रत्युत्तर का सामना करना पड़ता है। पारिवारिक जिम्मेदारियां ओर सुखद दाम्पत्य जीवन की खोखली दीवार के हल्के पन से भयभीत होकर भाई की मृत्यु की विदारक वेदना के कारणों से अनचाहा समर्पण करना पड़ता है जो पारम्परिक तरीके पारिवारिक दबाव में आकर लिए गए निर्णय ने जीवन विषाक्त कर दिया है।

आलोचनात्मक ग्रंथ:----- स्वातंत्र्योत्तर हिन्दी कविता में राजस्थान का योगदान में राजस्थानी भाषा शैली संस्कृति संस्कार सभ्यता और परिवेगत चुनौती से निपटने में राजस्थान के कवियों का प्रदेय का स्वाध्याय कर समाज राजनीति ओर प्रांत में स्थित रूढ़ियों परम्पराओं को लेकर यथार्थ से अभिप्रेत जाति धर्म लिंग भाषा क्षेत्र रूपमें साकार कर अमीर गरीब दलित पीड़ित वर्ग सभी की समस्याओं को लेकर नयी जाग्रति पैदा करने वाले कवियों ने यथार्थ स्वीकृति प्रदान की है। राजस्थान की वीरता और शौर्य की गाथा युगों से पूजित सनातनी संस्कृति संस्कार सभ्यता और परिवेगत पृष्ठभूमि से ताल्लुक रखने वाले लोगो से अवगत करवाया गया है।

दूसरा ग्रंथ कृष्णा सोबती एवं मैत्रेई पुष्पा के उपन्यासों में मूल्यबोध शीर्षक से प्रकाशित पुस्तक में दोनों लेखिकाओं का व्यक्तित्व कृतित्व चरित्र चित्रण नारीशक्तिके सम्मान से संदेश दिया है साथ ही उपन्यासों के माध्यम से वैयक्तिक अनुभवों को साझा किया है तथा ग्रामीण ओर शहरीकरण में परिवर्तन देख रही है पुरुष सत्ता द्वारा संचालित कार्यकलाप ओर मूल्यहीनता की पराकाष्ठा का तुलनात्मक अध्ययन किया गया है। स्वातंत्र्योत्तर हिन्दी उपन्यास साहित्य की अनुपम निधि है। तीसरी पुस्तक गोदान में कृषक संघर्ष शीर्षक से आलोचनात्मक अध्ययन किया है जो एक गरीब किसान को सामंती सोच का परिणाम होरी धनिया गोबर राय साहब मधुमालती झुनिया सिलिया रूपा ओर धन्ना जैसे ग्रामीण ओर शहरी जीवन को साहित्य में अनेक रूप में प्रतिष्ठित किया है। चतुर्थ श्रेणी की आलोचनात्मक अध्ययन ग्रंथ बृहज्जातकम में सामाजिक राजनीतिक सांस्कृतिक अध्ययन में ज्योतिषीय दृष्टिकोण में वराहमिहिर आचार्य गण जिन्होंने प्रत्यक्ष अप्रत्यक्ष रूप से संदेश दिया है तथा ज्योतिष शास्त्र का स्वरूप ओर सामाजिक राजनीतिक एवं सांस्कृतिक रूप में विद्वानों ने कहा है उसे प्रस्तुत किया गया है। फलित ज्योतिष शास्त्र में राजनीतिक वस्तुस्थिति को लेकर समाज संस्कृति और संस्कारों को लेकर नयी जाग्रति पैदा करने वाली बात फलित ज्योतिष शास्त्र का एक हिस्सा है जो विश्लेषण परक अध्ययन प्रस्तुत है। श्रीराम चरित मानस महाकव्य में तुलसीदास जी द्वारा ज्योतिष शास्त्र व्यावहारिक

चिंतन मनन करने वाले अंचल में प्रचलित रूढ़ियों परम्पराओं टोने-टोटके शकुन अपशकुन, खगोलशास्त्र, हस्त विज्ञान

अंकशास्त्र, वास्तु सभ्यता प्रश्न कुण्डली नवाश दशा महादशा पंचांग नौ ग्रह नक्षत्र ऋतु वर्णन मानस में ज्योतिषीय दृष्टिकोण को दर्शाता है जो कि सनातन संस्कृति संस्कार सभ्यता और परिवेगत पृष्ठभूमि को प्रस्तुत किया गया है। भविष्य में प्रकाशन अधीन श्रीमद्भागवत गीता और कर्म का महत्व पुस्तक समीक्षा अभी अप्रकाशित है।

काव्य सृजन:

काव्य मंजरी ----- सर्व प्रथम काव्य संग्रह काव्य मंजरी लिखा है जिसमें साहित्य संस्कृति संस्कार सभ्यता और प्रचलित सामाजिक राजनीतिक आर्थिक सांस्कृतिक ओर धार्मिक परिवर्तित स्वरूप को लेकर काव्य सृजन किया गया है। कालांतर में राजनेताओं द्वारा किए कार्य योजना देश की वर्तमान स्थिति ओर प्रशासन एवं विकास संगठन सरकार ओर विपक्षी दल रणभूमि में युद्ध सी स्थति पैदा करने वाले सोचें जनता को मुफ्त की रेवड़ियां बांटी गई है जिनसे देश की व्यवस्था ओर विदेशी मुद्रा भंडार पर प्रभाव पड़ता है। कवि का उद्देश्य है कि रोजमर्रा की वस्तुएं अधिक महंगी होती जा रही है उनपर नियंत्रण जरूरी है क्योंकि पैट्रोल डीजल और रसोई गैस के दाम सस्ते होंगे तो गरीबी सीमा रेखा से नीचे के नागरिकों को उभारने में महत्वपूर्ण भूमिका निभाई जा सकती है।आजकी पीढ़ी-दर-पीढ़ी महंगाई डायन सी बढ़ रही है। कविता-संग्रह में तिरंगा, संसद विधि उच्चासीन पद की गरिमा का सम्मान करना चाहिए।आज भारत विश्वगुरू होने को अग्रसर है जो कि सनातन संस्कृतिको प्रचार प्रसार जन जन तक पहुंचाना चाहता है। समाज कल्याण हेतु समय-समय पर जनमानस में योगदान दिया है तथा बालिकाओं को लाभान्वित करने हेतु सरकार ने योजना बनाई है उनका सम्मान करना चाहिए। परिवार समाज प्रकृति सौन्दर्य कृषकों की वस्तु स्थिति। रिश्तों में आया बदलाव मां बाप भाई बहन दाम्पत्य जीवन सुखमय नहीं चल रहा है युगानुरूप परिस्थितियां परिवर्तित स्वरूप को लेकर कवि ने बताया कि व्यावहारिक मर्यादित आचरणसे जीवन में आने वाली कठिनाईयों से चिंतित नहीं होना चाहिए।इनकी कविता में गरीब दलित पीड़ित वर्ग की समस्या को प्रबल दावेदार के रूप में प्रतिष्ठित किया गया है।

तेल और आज की महंगाई कमर तोड़कर मार रही है।

मां-बाप की तो बात नहीं परिवार की मौत आ रही है। काव्य मंजरी महंगाई पृष्ठ ८५

कविता-संग्रह में प्रकृतिसौन्दर्य पर्यावरण संरक्षण को लेकर कहना चाहता है कि आज वृक्षों की अंधाधुंध कटाई से वर्षा ऋतु जल धाराएं सूख गये हैं। ऋतुओं ने अपना प्रभाव छोड़ दिया

है।कहीं अतिवृष्टि तो कहीं अनावृष्टि के कारण जनमानस बेरोज़गारी बढ़ी है तथा बालिकाओं की दयनीय स्थिति का भी यथार्थ वर्णन प्रस्तुत काव्य संग्रह की कविताओ में स्पष्ट दृष्टिगोचर होता है।

"खेती में चहूंओर छाई घने पेड़पौधों की लहराती है हरियाली
देती संदेश मानव जीवन में भी हो सकती है ऐसी खुशहाली
अगर लंबा और खुशहाल जीवन जीना चाहते हैं पेड़ लगाओ

करो श्रृंगार मातृभूमि का पीपल,नीम,जामुनबट लगाओ।"वृक्षों की अंधाधुंध कटाई पृष्ठ ११५कवि सामाजिक समरसता के पक्षधर हैं और परिवेगत पृष्ठभूमि में सभी धर्म सम्प्रदाय जातिगत आधार पर विश्वास करने वाले सिद्धहस्त हस्ताक्षर हैं। शकुन, अपशकुन, खगोलशास्त्र, हस्त रेखा विज्ञान, साहित्य संस्कृति और आधुनिकता से जुड़े यथार्थ को इंगित किया है। युवा पीढ़ी के भविष्य को लेकर कवि ने "सुरसा की तरह मुंह फैलाती बेरोज़गारी" शीर्षक कविता में भेदभाव को राजनीति से प्रेरित दुर्नीति, भ्रष्टाचार बनाम शिष्टाचार वाली बात कही है। वर्तमान में धर्म समाज संस्कृति और संस्कारों को लेकर नयी नयी मानसिकता पनपने राष्ट्रीय चेतना संवेदना शून्य सी हो गई है। राजनीति चौसर खेलमें स्त्री द्रोपदीका चीरहरण बर्बस दुर्योधन दुशासन शकुनि कर रहे हैं। शासन-प्रशासन धृतराष्ट्रको तनिक भी चिंता नहीं है सिवा जेब भरने के नौजवान व्यर्थ घूम रहे हैं बेकारी, बेरोजगारी सिर चढ़कर बोल रही है,सरकारी तंत्र विफल हो गया है।

२ काव्य प्रवाह:-- कविता संग्रह की कविताओ में भारतीय समाज, संस्कृति और आधुनिकता से ओतप्रोत कविता लिखी है जो प्रासंगिकता को लेकर नयी मानसिकता को दर्शाती है। प्रस्तुत काव्य संग्रह में राष्ट्रीय चेतना संवेदना रिश्तों में आए बदलाव बालिकाओ के साथ होने वाले दुर्व्यवहार भेदभाव लिग भेद शिक्षा क्षेत्र में सरोकार रखने वाले विषय वस्तु मुफ्त शिक्षा विद्युत स्कूटी मोबाइल आदि चीजों की सुविधा कागजमें चलती रही है। कोई सरकारी योजनाओं को आम आदमी तक पहुंचाने में कामयाब नहीं हुए हैं। केवल बोट की बात करते हैं समाधान की बात कही नहीं करते हैं। देश में नैतिक जिम्मेदारी से दूर रहकर नेता मारीच बने स्वर्णमृग सा जनता मन जानने वाले मूल्यों को थोपे हुए हैं। जिनके यथार्थ को कवि मनोवेग से बात को रखता है।

३ काव्य तरंग:---- अशोक विद्रोही का तीसरा काव्य संग्रह है "काव्य तरंग"में मानवीय मूल्यों को स्थापित करने हेतु राष्ट्रीय चेतना की जरूरत पर बल देते हुए जन्माष्टमी प्राप्त लड़कों बंद करने के लिए पुनः जैन की भावना लिए हुए हैं जो क्रांतिकारी विश्व में पत्थर बाजी छोड़ो सनातन की नारी का गौरव आज नहीं तो कल मिलेगा नफरत की आज नहीं छोड़ो अग्निपथ बलिदान की मिसाल अहिल्या होलकर किसकी जीत मंदिर मस्जिद वीर गोरा बादल हल्दीघाटी का असर

आपत्ति क्यों बंद करो कटाक्ष क्या बुलडोजर ही हथियार है आज का धृतराष्ट्र आदि कविताओं के माध्यम से कवि ने राजनीतिक चेतना की उपस्थिति की यथार्थ से परिचय कराने का प्रयास किया है तथा नैतिक मूल्य को आधार रूप में नारी जीवन को जोड़ने का प्रयास किया है और भारत देश की एकता अखंडता को बनाए रखने के लिए धर्म और कर्म के युद्ध की बात कही है कब तक होंगे बलात्कार शीर्षक कविता के माध्यम से वर्तमान समाज में बालिकाओं के साथ होने वाले जिन्होंने को कृतियों को रोकने के प्रयास की बात कहिए और साथ ही आज की रात नेताओं को जो की कालिया नाग की तरह धन के अजगर बने हुए हैं धन के अधिकारों से बचने के लिए जनता का हवन किया है आंदोलन करने की राह बताइए क्योंकि आज लोकतंत्र घबराया हुआ है पर्यावरण सुरक्षित है आफत में किस हैं आज का समय कामचोर बिखरते संस्कार तथा नारी जीवन में व्याप्त समस्याओं की समाधान की बात कही है और आतंकवाद जैसी विघटन कार्य शक्तियों के विनाश की चर्चा कीजिए वैज्ञानिक जीवन में बढ़ते हुए नए-नए आविष्कारों को देश की उन्नति परमाणु संरक्षण एवं सुरक्षा की बात कही है। यहां कवि हृदय में विद्रोह जाग गया है जो पारम्परिक तरीके ही समाप्त होगा।

"जब धर्म बढ़ता है तब क्रांति होती है
गद्दार हो जाते हैं देश में अशांति होतीहै
समझे न देशवासी मन में भ्रांति होती है
भ्रष्टाचार के कालिया नाग करें है अनीति
दमन करें इनके मिलकर हो तभी प्रतीति
ब्रह्मजाल फैले जल में मूल्यहीनता दर्शाते
अन्याय केव मार्गचुन अनीतिकी राह बनाते।"काव्य तरंग,आजका धर्मयुग पृष्ठ ७६ विद्रोही

ने"काव्य तरंग" की सभी कविताओं में मानवीय संवेदनाओं से उत्प्रोत राष्ट्रीय चेतना की अभिव्यक्ति की यथार्थ स्वीकृति प्रदान की है जो भावी पीढ़ी के लिए उचित मार्ग प्रशस्त कर सकती है।

४ काव्य सरिता:---- आज की युवा पीढ़ी भौतिक विज्ञान की और अक्सर बढ़ रही है, पाश्चात्य संस्कृति का अंधानुकरण करने के कारण भारतीय संस्कृति और संस्कारों से मूल् ह्रास होता दिखाई दे रहा है,जो भावी पीढ़ी के लिए उन्नति के मार्ग अवरुद्ध करता हुआ दिखाई देता है। कवि मानते है कि वर्तमान पीढ़ी को ग्रामीण,शहरी परिदृश्य में व्याप्त विसंगतियों एवं पुरातन संस्कृति, सनातन के प्रति जागरूकता आवश्यक है यदि वह अपनी संस्कृति और संस्कारों को भूले तो समाज का कल्याण कैसे संभव है।कवि ने पौराणिक परंपरा इतिहास संस्कृति सदाचार वेद वेदांग पुराण संहिता रामायण महाभारत आदि से प्रेरणा ने कर कहा है कि प्रेम और प्रार्थना

शक्ति की आराधना करना जीवन में आवश्यक है। गीता के उपदेशों को श्री कृष्ण अर्जुन काया माया एक सी अनहद्र, सौभाग्य लक्ष्मी, तथा उसका की तलाश,माटी का पुतला,इंगला पिंगला नदी आदि कविताओं के माध्यम से बदलाव की बात कही है।सनातन संस्कृति और परंपराओं का साथ नहीं छोड़ना है।यदि हम उसको छोड़ देंगे तो सिंहासन का संग्राम फिर छिड़ेगा।स्वतंत्रतभारत की वास्तविक स्थिति का दर्शन करें तो भारत विभाजन की त्रासदी का कारण राजनीतिक दलों की फुसफुसाहट दोयम नीतिसे तथा तानाशाही शासन का बोलवाला होने के कारण समाज में व्याप्त की विसंगतियों,जातिवाद,धर्मांता,भाई भतीजावाद हिंदू मुस्लिम एकता के विरूद्ध सत्ता भाव जागृति हुए जिसका प्रभाव दिखाई देता है।

"संसद से संस्कार की धूल"कविता में देख सकते हैं

आज दोगलेपन की हद पार कर दी नेताओं ने
सीधा प्रसारण में है सब देख लिया श्रोताओं ने
प्रधान सेवक से रावण दल वालों को कहें कुत्ता
इन्हें संस्कार नहीं इनमें मुझे चारमुखी का छत्ता
वहां क्या कार्टून बन विपक्ष में बैठे हैं आंख मारे

कुर्सी हासिल करने में रहे करते विरोधी किनारे।"काव्य सरिता,संसद से संस्कार की धूल पृष्ठ १३४ आपणो राजस्थान तथा लव-जिहाद जैसी कविताएं हैं जो राष्ट्रीय चेतना संवेदना शून्य जीवन को लेकर अभिव्यक्ति प्रस्तुत किया है।

५ काव्य माधुरी:-- प्रस्तुत काव्य संग्रह में राष्ट्रीय चेतना से ओत-प्रोत सांस्कृतिक विरासत को बचाएं रखने हेतु समय-समय सरकारी योजनाओं को लागू करने तथा पड़ोसी देश पाकिस्तान से बात न करने की बात कही है।कवि भारत मां को नमन कर तिरंगा को शत शत नमन कर रहे हैं तथा हमारे देश के रक्षकों को सलाम करते हुए गौरवान्वित महसूस करते हैं।"कौन ठग कौन बग"घोड़ा खाए घास गधा च्यवनप्राश"आदि कविता में राजनीतिक मंचपर विदूषक बन गए श्वेत कपोत पाखंड का पाठ पढ़ते हैं। वर्तमानकालिक समस्याओं को लेकर विभिन्न प्रकार के आंदोलन क्रांति की आवश्यकता पर बल देते हैं। बढ़ती बेरोज़गारी महंगाई नारी अस्मिता की रक्षार्थ कर्तव्यों से मुक्त समझकर मानवीय मूल्यों को भूलकर देश सेवा का झांसा देते हैं। रेवड़ी नहीं रोजगार चाहिए शीर्षक कविता का उदाहरण दृष्टव्य है।

"आज जनता होली खेले राज आंखमिचोली
महंगाई बढ़ा दी जल फ्री बस और बिजली
आज नहीं तो कल सब बुगाटी होगी सजा
बेवकूफ बनारही है सरकार अब लेलो मजा

जब हलफनामा दायर करोगे तो चलेगा पता
यह सरकार बचाने की कीमत चुकाए जनता
एक कुआं खोदो दूसरा कब तक भरोगे यारो!"

पढ़-लिखकर मूर्ख बनगये है समझो विचारों।"काव्य माधुरी, रेवड़ी नहीं रोजगार चाहे पृ२५ कवि ने समाज कल्याण की बात हर बार कहीं है तथा बाहरी आतंक से मुक्ति मिले तो सही लेकिन घर के आतंकियों से कैसे छुटकारा मिले। बाहुबली नेता बन फैलाते फन, अपराध पर अंकुश कौन निरंकुश, क्यों बने घोटाले बाज टा पक्षधर आदि कविताओं में अस्तित्व मिटाने वाले मक्कारी करने वाले सोचें बिना किसी भेद भाव के देश की सेवा करना क्या ग़लत है।

"अरे भाई रुपए पैसे की बात नहीं बात है घोटाले की
आज नहीं इतिहास खंगालों दामन पर दाग दलालों की
इंसानियत कहां गई जो गोचारे को भी खा गया
नहीं भर पेट तभी बेरोजगारी की बात से शर्मा गया
नौकरी चाहिए तो इनको कर्मों की तो अच्छी ऐसी तस्वीर
छीन जमीन के बदले में फर्जी नौकरी से बदली तकदीर
न्याय नहीं मिला जनमानस को कभी उनके ही पेट भरे

अब दादुर वक्ता बन ईडी सीबीआई देख नये ढोंग करें।"काव्य माधुरी क्यों बने घोटाले बाज का पक्षधर पृ४७ राष्ट्रीय चेतना की अभिव्यक्ति की चर्चा कवि ने सर्वत्र की है।

आज भारत विश्व में शांति दूत के रूप में प्रतिष्ठित हैं।भारत में विगत दिनों में आतंक शिकार हुई नाबालिग लड़की ओर कश्मीर में सेना डटी रही थी। कश्मीरी पंडित वापस बसे हुए हैं राष्ट्रीय चेतना संवेदना रिश्तों में सुधार कर सरकार ने भारत के अभिन्न अंग की पहचान बनाई है। पड़ोसी मुल्क के द्वारा किए जाने वाले दुराचार और आतंकवादी गतिविधियों को रोकने के लिए भारतीय सरकार ने वार्षिक प्रदर्शन किए हैं और आतंकवाद पर काबू पाया है जो की पिछले वर्षों में सरकारों द्वारा किए हुए प्रयासों को भी नहीं भुला सकते लेकिन आज कहीं बेहतर नजर आते हैं।आज भारत में शांति का वातावरण है कवि की मानसिकता है कि वह देश में उन्नति शांति और परमाणु विज्ञान पर जोर देता है।उसका कहना है कि जो देश परमाणु में शक्तिशाली होता है वही देश विश्व पर राज कर सकता है। वक्त आ गया है भारत को अपनी ताकत दिखाने का कहना चाहता है कि आज मुदगरधारी का सही समय आगया है। विद्रोही के मन में देश के प्रति समर्पण भाव कूट-कूट कर भरा हुआ है वह देशवासियों को नफरत को छोड़कर एकता के भाव में रहने की बात करता है तथा संविधान का सम्मान करते हैं एवं हिंदू मुस्लिम एकता के प्रबल पक्षधर है।

मेरे देशवासियों कब तक रहेंगे नफरत खून में रंगे
एक दूसरे को नीचा दिखा गुंडे हेतु बने हो करेंगे
और संविधान का सम्मान करें बहुत जरूरी आज
क्यों राहु केतु बनाकर एक दूसरे पर गिराते गाज
अरे हिंदू मुस्लिम सिख आपस में लड़ता है कहां
आग से लगाई जाती धर्मकी गुंडे का लालच जहां।"काव्य माधुरी ५५

कवि प्रकृति हृदय है वह प्रकृति के कान-कान में भारत के प्राणी मात्र को देखा है तथा वह हर व्यक्ति के भले की बात करता है चाहे वह हिंदू है या मुस्लिम है उच्च नीच का भेदभाव दूर करते हुए कवि के मन में चटक सा भाव लिए हुए हैं वह माता और मातृभूमि को समान रूप में देखना चाहता है तथा भगवान राम की पवित्र धारा अयोध्या के विषय में भी बोलता है तथा वह धर्मगत राजनीति से दूर रहने की बात करता है बाहुबली नेताओं ने जो फन फैला रखे और धन के अजगर बने हुए हैं उनके जो विषाक्त बंद है उनसे फैला हुआ जो जहर है वह समाज को विभिन्न टुकड़ों में बांटने को तत्पर है किंतु अनंत काल की जो काली छाया है वह छाया से परे रहने के लिए कवि आक्रोशित स्वर में बोले है। ईश्वर सनातन शाश्वत सत्य प्रभू लीला सत्य है।

"युगो युगो से जपते देखा एक ही नाम का नारा
भारत भारती को चाहिए श्रीराम हनुमान प्यारा
रंग बिरंगी एकता भाईचारा बने श्री राम हमारा
गीता में कहा कर्मकर देख मैं पीछे खड़ा सहारा
ने की कर दरिया में डाल मृत्यु लोकमें यही चारा
ऊं ब्रह्मोस्मि में भला समझले तुझ में हैअंश मेरा
पांच तत्व का बनाये पुतला यह सब मेरी ही माया
अज्ञानता मजदूर करने हेतु माया रूप में है काया।"पृ ५७

६ मेरी प्रिय कविताएं:---- कभी नहीं मेरी प्रिय कविताएं संकलन में मंगलाचरण में ही परमात्मा को प्रणाम करते हुए स्वयं त्रिलोकी नाथ से प्रार्थना की है कि जनमानस में आने वाली विपत्तियों से हमें मुक्त करें और मेरे देश के अंतर्गत हर व्यक्ति भूख ने सोए और उसको किसी प्रकार की दिक्कत ना हो जीवन को उन्होंने दूसरा के रूप में प्रस्तुत किया है जो मानव शरीर बना है पांच तत्व का वह शरीर को सुरक्षित रखने के लिए नियंत्रण रेखा जरूरी है चाहे वह शरीर की है या देश की है दोनों की तुलना करते हुए उन्होंने लिखा है।

"देश हित में चाहिए नियंत्रण रेखा खींचने जरूरी
विश्व सूची समझो विचारों समझो मैं इसे मजबूरी

भारत ने चीन को जनसंख्या वृद्धि में पीछे किया

लोकतंत्र के विरुद्ध विदेश में है रोना धोना किया" मेरी प्रिय कविताएं पृ१ २ एक जरूरत दूसरे की मुसीबत, राजनीति की आग में जलता देश,खून जब उबलता है, मेवाड़ धरा,ढलता सूरज, गठबंधन का सपना स्वार्थ अपना अपना तथा पानी में आग लगी हुई है शीर्षक कविता में गरीब जनता को मुफ्त किताबें देंगे सरदार जनता में फैलायेंगे व्यभिचार।कवि काव्य चर्चा करते हुए जीवन संघर्ष में फंसे हुए कृषकों की दशा-दिशा से चिंतित हैं और परिवेगत में व्याप्त रूढ़ियों से देशवासियों को बाहर निकाल कर विकास की उन्मुख होने की बात करते हैं।मां बहन बेटियों को सुरक्षित रखने हेतु प्रयास करने पर बल देते हैं।आज देश में नैतिक मूल्यों पर कोई विकल्प नहीं है सिवा निजी स्वार्थ के समाज कल्याण की कोई बात नहीं करते है, चाहे बुद्धि जीवीवर्ग या समाज सेवी। लोकतंत्र में विश्वास करना हर नागरिक का कर्तव्य है।सभी धर्म सम्प्रदाय को अधिकार है लेकिन नेता गण अपनी तिजोरी भरनेवालो को तनिक भी चिंता नहीं कि हमारे देश में शिक्षा रोजगार महगाई नारीशक्ति सम्मान जरूरी है क्योंकि पुराने मूल्यों को थोपे जाना जन हित कीभावना से परे है।"जला चिराग कब बुझेगा"शीर्षक कविता में गरीब जनता को कब तक भ्रमित कर सकते हैं क्या यह सच है कि जो जातिगत धर्मआदर्श की आग लगाई जाती है भाई भाई को लड़ाने की पहल कर धुंधकारी बन देश में आग लगा कर भोली भाली जनता को जलने पर विवश कर देते हैं उनके विरुद्ध कविता में आक्रोश दृष्टिगोचर है।

प्रत्येक व्यक्ति का जीवन बन अलाउद्दीन सि चिराग
ऐसा है भारतीय राजनीति में सक्रिय हुई राग विराग
दल बदलू है एक दूसरे पर शादी हुई वोट का सुराग
एक दीपक की रोशनी अंधकार को मिटाना तट पर

दूसरा अखिल विश्व को देश संदेश ऊर्जा बना दिनकर। मेरी प्रिय कविताएं पृष्ठ ३०फिर होगा जनमेजय का नाग यज्ञ, इंद्रासन निद्रासन हुआ,मेरा तिरंगा प्यारा लहरा न्यारा कविता में कवि की राष्ट्रीय चेतना संवेदना रिश्तों में सुधार कर एकता का संदेश देती है।

वैश्विक मंच पर भारत का वर्चस्व बड़ाए है तिरंगा
आन बान और सान संस्कृति और संस्कार में रंगा। पृष्ठ ४९

"यहां लोकतंत्र है या षड्यंत्र" कविता के माध्यम से कवि ने लोकतंत्र के पीछे घिनौनी हरकत करने वालों पर करारा व्यंग्य किया है।

भारतीय संविधान में स्वतंत्रता और समानता
मौलिक अधिकारों की सही व्याख्या बखानता
सरकार कहती है जाती-पत्नी वैरभाव मिटाओ

कानून बखानता है जाति प्रमाण पत्र ले आओ।पृ५२

आजादी अभी अधूरी है कविता में कवि ने पूर्ण स्वतंत्रता लाने का प्रयास किया है तथा बालिकाओं को सुरक्षा मुहैया कराई जाए तभी पूर्ण स्वतंत्रता होगी। इसलिए कभी धरतीपुत्र मानकर वह अपने आप को राहों का एक अन्वेषी मानता है और समाज कल्याण और राष्ट्र के उद्धार के लिए सदैव प्रतिनिधित्व रहता है तथा वह शासन और कुशल को अपने देश में दोनों रूपों में देखा है किंतु आपको शासन का अंत करने की चाहत रखता है वह सदैव सर्वहारा वर्ग को आगे लेकर चलता है तथा वंशवाद की बेल को तोड़ने के लिए आतुर रहता है जो सदियों से शोषितों के साथ होने वाले दुर्व्यवहार को लेकर कहा है।

पन्द्रह नहीं पांच अगस्त कविता में स्पष्ट दृष्टिगोचर होता है।

७ पद्य प्रसून:---- साहित्यकार विद्रोहीकी के साहित्य में निराला दिनकरअज्ञेय रांगेय आदि की झलक स्पष्ट परिलक्षित होती है।कवि युद्ध विकल्प नहीं मानते शांति प्रिय नीति-निर्धारणमें विश्वास करते हैं। उनका कहना है कि जीओ और जीने दो,उनका विचार है कि भारत भूमि पर कोई भूखा-प्यासा याचक बनकर नहीं रहना चाहिए। क्यों कि बाबासाहेब अम्बेडकर ने संविधान में सबको स्वतंत्रता ओर समानता की बात कही है।कवि उस बात का समर्थन करता है तथा बालिकाओं के साथ होने वाले भेदभावों को लेकर तथा कुकृत्य करने वालोंको कठोर से कठोर सजा मिलनी चाहिए।"धर्म का चोलासियासी खेला"क्यों ग्रहण लगा विपक्ष को ",दिल्ली दारू से साफ कौन करे माफ,लुटेरे पर कैसे लगे लगाम इस बात को लेकर कवि चिंतित है।

"बदल रही है विचारधारा धारा भी बदलाव चाहती
इतिहास गवाह है कैसे बदले हमारे संस्कार संस्कृति
लूट खसोटआबरू की अंग्रेजों ने था बहुत सताया
आए थे व्यापार करने धन लूट भारत कंगाल किया
स्वतंत्रता सेनानी झूठे मुकदमों में फंसे थे गए जेल

भारतीयों को धर्म व जाति में बांटने का किया खेल"। पद्य प्रसून पृष्ठ २६ कवि मन में उथल-पुथल मच गई कि देश में रिश्तोंमें टूटन घुटन तथाकथित सेक्युलर लोग राजनीति चौसर खेल में मुखौटे पहन कर भारतीय समाज में जाति धर्म लिंग भाषा क्षेत्र की राजनीति कर रहे हैं और केवल स्वार्थ सत्ता सुख चाहत रखने हेतु जानता को भरमाए है।नाग नाथ ओर सांप नाथ बनकर समाज ओर राष्ट्र को खोखला करने वाले जयचंदो को कवि मनोवेग से बात करते हुए कहते हैं कि हुड़दंग मचाने वाली जनता को मत जगाओ नहीं तो तुम्हारे कारनामे अजीब है उन्हें पहचान लिया है अब सीधे सीधे जनता जनार्दन दुखितहुई हैबेतुके बयान से संदेश देता है कि मतदाता जागरूक हो गया है।वह संकल्प बद्ध होकर सीमा पर तैनात है उसके क्रियाकलापों पर प्रसन्नचिंह

उठाते हैं कोई बेटा,पति ओर भाई को देखते हैं बर्फीली हवाओं चट्टानों में खड़े होकर हमारी सुरक्षा केलिए सदैव तत्पर रहते हैं और उन पर संदेह करना राष्टीय चेतना संवेदना है।

निज स्वार्थ पूर्ति करने हेतु बेचते हैं ये अपना ईमान

मातृभूमि आतंक कब-तक सहेगी गद्दारों से अपमान। कवि हृदय क्रांति आंदोलन को समर्थन देने में अग्रसर रहते हैं।

"कौन है विषैला नाग छोड़ता झाग"शीर्षक कविता में कवि ने उन छिछोरे नेताओं को आगाह किया है कि वे मातृभूमि के शत्रुओ तक पहुंचाने वाली बात क्यों करते हैं? क्यों रंगदार माफियाओं को पाल-पोसकर बड़ा करते हो?अपने देश व देशवासियों से क्यों नहीं है लगाव?"कहां छुपे हैं आस्तीन के सांप"शीर्षक कविता में कवि ने बताया है कि भारत का खाने वाले विदेश में भारत की बुराई क्यों करते हैं।मेरी पवित्र प्रांगण में वैदिक संस्कृत संस्कार सभ्यता सिखाने वाला प्रथम देश है जहां पतथ को भी पूजा जाता है।सभी धर्मावलंबियों को सम्मान प्राप्त है। जन-गण-मन अधिनायक जय हे! वसुधैव कुटुम्बकम सद्भाव प्रेमसे गुलदस्ते में खिले हुए फूल है। पहले कृष्ण धन पाकर गोपियां खुश रहती थी,अब कृष्ण धन पाकर टोपियां खुश रहती है। पद्य प्रसून काव्य में विस्तार से विद्रोह को देख सकते हैं।

"पता नहीं कि कौन गोपीवाला है या टोपी वाला।
जो भी हो लाल पीली सफेद में भ्रष्टाचार निवाला।
सुरसरी सा पवित्र बने एक दूसरे पर कीचड उछाल।

कुर्सी हासिल करने वाले करें जनता के बीच धमाल।" पद्य प्रसून पृष्ठ ३३ कभी अशोक क क योगी कालनामियों से दूर रहने की सलाह देता है तथा देश में भीतर रहते हुए ऐसे विषपान फ्लेट हुए नागो से बचकर चलने की सलाह देता है जो समाज परिवार देश संस्कृति और जनता के साथ बैठकर अपना भी छोड़ते हैं अर्थात जाति संप्रदाय धर्म आदि में भेद कर जनता को आपसी लड़ने के लिए विवश कर देते हैं।"धर्म का चोला सियासी खेला",अली बाबा के चालीस चोर, राजनीति की आग कब बुझेगी,दामन में समेटे हुए दाग़,एवं भारत का राज मुकुट ,मुकुट पर वज्रपात,भारत की लोक संस्कृति, खुशियां कम अरमान बहुत,गौहत्या नहीं लेकिन इंसान हत्या सही,संत हृदय नवनीत समाना,उल्टी नीति बनी राजनीति ओर पालनहार बने मारण हार कविता में कवि ने बताया है कि अखंड भारत एक ऐसा देश है जहां गद्दारी करने वालो को मिलेगा दंड।

"संभल जाओ वरना आनेवाला तुम कहर।
बोली बदलते हैं विपक्ष इनके राष्ट्रवाद जहर।
नही बांटना देश को जाति धर्म क्षेत्र व राजनीति।
दल एक दूसरे पर साधे निशाना हो रही अनीति।"पद्य प्रसून पृष्ठ ९९

अशोक कुमार के काव्य में केवल राष्ट्रीय चेतना ही नहीं बल्कि सामाजिक राजनीतिक धार्मिक सांस्कृतिक एवं प्राकृतिक सौंदर्य का परिपक्व स्वरूप स्पष्ट परलक्षित होता है। कवि सहृदय होने के कारण समाज के सभी वर्ग को साथ लेकर चलता है।वह जाति संप्रदाय धर्म एवं विषयों को चुनकर एक-एक विषय पर खुलकर बोलता है।उसका कहना है कि हमें जाति धर्म संप्रदाय क्षेत्र उच्च-नीच अमीरी-गरीबी के भेद को बुलाकर हर भारतीय के लिए समर्पित होना होगा तभी समाज और देश का कल्याण संभव है। कभी एक मजबूत राष्ट्र की कल्पना करते हैं तथा जिस राष्ट्र में सभी संप्रदाय के लोग एक साथ मिलजुल कर रहे हैं और समाज में देश को आगे बढ़ाने में अपना योगदान दें वही राष्ट्र और वही चेतन सफल राष्ट्रीय चेतना कहलाती है। अशोक ने प्रस्तुत काव्य संग्रह में नारी शक्ति को प्रोत्साहित करने हेतु सदैव स्मरणीय विषय को चुनौती देने वाली अव्यवस्था को अस्मिता बचाने हेतु कठघरे में खड़ा करने का प्रयास किया है।

८ काव्य धारा:----- काव्य धारा काव्य-संग्रह की कविताओं में भारतीय समाज संस्कृति और आधुनिकता से ओत-प्रोत कविताएं लिखी है। प्रस्तुत काव्य संग्रह की कविताओ में भारतीय समाज संस्कृति और संस्कारों की मूल्य हीनता की पराकाष्ठा को लेकर राष्ट्रीय चेतना संवेदना और सहानुभूति को नवीन आयामों में प्रस्फुटित किया है,जोकि समसामयिक घटना-चक्र को लेकर राजनीति सामाजिक और आर्थिक विकास की पहल देखी गई है। नवीनतम प्रतिक्रियाएं समाजमें नियम परम्परा,रीति रिवाजों लोक जीवन शैली में उभारने का प्रयोग किया है।"चंद्रयान ने चांद पर तिरंगा फहराया",मनकी कशिश",कबहोगा दमन चक्र का अंत" सत्य झुकता नहीं",तनू मेरा मन मेरे देश केलिए","परिवार वाद नया विवाद,"बहुरंगी बिसात,"भट्टी में नाबालिग दाह संस्कार," विनाशकारी आगाज",बेटा बेटी में मतभेद",कलिकाल का परिदृश्य",मत फैलाओ दंगा फसाद"प्रकृति ओर पर्यावरण, दिल्ली बनी दरिंदगी"शीर्षक कविता में सामाजिक राजनीतिक आर्थिक सांस्कृतिक विरासत को बचाएं रखने हेतु समय-समय व्यक्ति को दायित्व निभाने वाली बात करते हैं

दिल्ली बनी दरिंदगी शीर्षक कविता में कवि ने दिल्ली में सरकार पर्यावरण संरक्षण पर ध्यान देगी तभी जनता की सच्ची सेवा होगी।

"हस्तिनापुर नरेश क्या सोच विचारे आप अपने।
दिखायें दिल्ली के लोगों को झूठ निकले सपने।
दिल्ली दरिंदगी की दरिया बनी दिल्लगी साहेब।
दिल्ली में यमुना सैलाब आपने क्या किया जना"ब। काव्य- धारा पृ११

जयपुर मणिपुर केरल सभी प्रांतों में आतंक आगजनी दंगे फसाद प्रकृति सौन्दर्य बिगड़ा धरातल पर आजकल कोई शांति क़ायम रखने में सफल नहीं हो रहा क्यों? अशोक के काल में

केवल राजनीतिक चेतना के साथ में सामाजिक संवेदना प्रकृति चित्रण पर्यावरण सुरक्षा एवं अंतर मन की व्यथाओं को व्यक्त करने की मन में छुपी हुई है वह वर्तमान सरकार के प्रति सजग हैं तथा उसके कार्यों के प्रति उनकी भावना मन में राष्ट्रवादी सोच है सागर सा गहरा समर्पण चंचल चितवन करें मदहोश तीन का बेटी बचाओ समय पर विदा करो जीवन एक संघर्ष है कागज कलम दवात जमाना हुआ बेगाना आदि कविताओं में उन्होंने राष्ट्रीय चेतना एवं संवेदना की अभिव्यक्ति को मुखर किया है।

वर्तमान पीढ़ी मैं व्याप्त विसंगतियों शिक्षित बेरोजगार किसान गरीब शोषित वर्ग एवं आज के बढ़ते हुए प्रदूषण एवं जनसंख्या वृद्धि पर चिंता व्यक्त करते हुए कवि ने भंगी सामाजिकता को प्रस्तुत करने का प्रदान किया है तथा संवेदनाओं और सरोकारों को देखते हुए जिंदगी किस प्रकार से करवटें बदल रही है वह सब कुछ डिस्पोजल जिंदगी को जख्मी जीवन के रूप में अंधकार की काली रेखा के रूप में प्रस्तुत करने का प्रयास किया है। आजादी के बाद भारतीय समाज संस्कृति और संस्कारों के बदलते स्वरूप को विकसित करने वाले बुद्धिमान वर्ग को आगे बढ़ कर समाज कल्याण में बेहतर योगदान की आवश्यकता पर बल दिया है। तथाकथित सभ्य समाज को उचित मार्ग प्रशस्त करने का आह्वान किया है।लिंग भेद भुलाकर बालिकाओं के साथ होने वाले भेद-भावों को मिटाकर उनके अधिकारों की सही मांग को लेकर कवि ने कहा है कि बालिकाओं को शिक्षित करना आवश्यक है क्योंकि वह समाज का निर्माण करने में महत्वपूर्ण भूमिका निभाती है।"यत्र नारीयस्तु पूज्यंते रमंते तत्र देवता" वैदिक काल से लेकर आजतक तक जहां नारी को पूजा जाता है वहां देवता निवास करते हैं। उस पवित्र धरा धाम पर जब नारी के साथ अन्याय किया जाता है तो मातृभूमि दुखित होकर अन्तर्वेदना को प्रभावित करती है। डिस्पोजेबल नहीं हूं मैं शीर्षक कविता में कवि ने अस्तित्व की लड़ाई के लिए संघर्षरत स्त्रियों की वस्तु स्थिति से अवगत कराया हैं। साथ ही नारी शक्ति की अस्मिता के साथ होने वाले परिवर्तनों व खिलवाड़ करने वालों को आगाह किया है कि नारी शक्ति कमजोर नहीं बल्कि सामाजिक मापदंडों पर खरा उतरना भी जानती है। देश-काल परिस्थितियों में अडिग सजग रहकर भंवर में फंसे पतवार की तरह जीवन वैतरणी को पार कर जाती है।

९ दीपशिखा सी सुंदर धार ------- प्रस्तुत काव्य संग्रह में संकलित कविताओं में पश्चिम बंगाल सरकार और प्रशासन ने हिंदू मुस्लिम एकता पर बबाल मचा दिया है जिससे संदेश खाली जगह पर स्थित बंग्लादेशी रोहिग्याओं द्वारा किया जा रहा अन्याय सनातन संस्कृति को लगभग समाप्त प्राय करने के चक्कर में सरकार की दूषित प्रणाली का कवि डटकर मुकाबला करने का आह्वान करता है। विद्रोही के काव्य में नव्य प्रयोग यह कैसा किसान आंदोलन शीर्षक कविता में कवि विरोध करने के तरीकों की चर्चा करते हुए कहते हैं कि अनुशासित तरीके से किया गया

आंदोलन अपनी बात आसानी से रखकर मनवा सकता है, बशर्ते तार्किकता से विषय-वस्तु को रखें। समकालीन भारतीय विचारधारा में राजनीतिक उथल-पुथल को प्रतीक एवं व्यंग्यात्मक शब्दावली में ग्रामीण शहरी क्षेत्र की सद असद नवोदित विचारोक्ति अशोक ने सृजनशीलता को सहज और सरल प्रस्तुत किया है।

"देश जलाने वाले सोचें बिना बात करते रहे मनकी।
राजनीतिक भ्रमर गूंजें है चारों ओर सोचें न जीवन की"।।

कवि सहृदय गांधीवादी विचारधारा को मानने वाले हैं हिंसा "का मार्ग छोड़ अहिंसा का मार्ग अपनाना चाहिए।

अहिंसा परमोधर्म की बात करते हैं किसान आंदोलन।

क्या एक यही आधार है कि जन-मानस में होता क्रंदन।।" कवि ने प्रकृति चित्रण भी काव्य में विस्तार से किया है क्योंकि आज कल पर्यावरण संरक्षण की आवश्यकता है जिससे वायुमंडल स्वच्छ ऊर्जा और आत्मविश्वास को बढ़ाने में सहायक होता है। आबूधाबी में रामराज्य,बजरहा सनातन का डंका पंचांग परम्परा जन्म मृत्यु का प्रतीक कविताएं सनातन संस्कृति संस्कार और सभ्यता को अपनाकर मातृभूमि चरणों में अर्पित कर धर्म रक्षा का मार्गदर्शन करते हैं। राजनीतिक विद्रोह इनके समग्र साहित्य में स्पष्ट परिलक्षित हैं लेकिन उसमें अनुशासन प्रथम स्थान हासिल किया है। छद्म युद्ध राजनीति कुरूक्षेत्र बन गयी हस्तिनापुर की पौराणिकता के पुनः स्मृतियां पुनर्जीवित करने वाली प्रतीत होती है।

"दल-बदल भ्रष्टाचार ईडी सीबीआई पहले ही बताते है।

कौन जायेगा कौन आयेगा किस तरह ख़बर चलाते हैं।।"आज मंच पर नेता जी बड़े बड़े वादे करते हैं लेकिन खुद ही पत्थर फेंकने वाले लोगों को आगे बढ़ाने में सहायक होते हैं चाहे जिस धर्म सम्प्रदाय से है।उनका ध्येय भ्रष्टाचार सूदखोरी नारी अस्मिता से खिलवाड़ करना मानसिकता भाती है जिससे समाज में व्याप्त विसंगतियों पर अंकुश लगाना दुर्लभ है।

गधे के सींग नहीं होते कविता में राजनीतिक इच्छा शक्ति छोड़े और देशभक्ति से ओत-प्रोत सांस्कृतिक विरासत को संरक्षित करने में योगदान दे, लेकिन अब परिस्थितियां अनुकूल नहीं है जिससे सत्ता मद में चूर सरकारों को जनता की बात सुननी चाहिए अन्यथा विरोध प्रदर्शन हड़ताल प्रदर्शन को रोकना कठिन होगा।आज की समस्या न वरन् आहत होकर जनता आंदोलन करेंगी तो भी जनता का ही नुकसान हो रहा है इनका क्या बिगड़ेगा। लेकिन ऐसे क्रांति संभव नहीं है।जैसे यूजीसी कानून का सामान्य वर्ग बिना किसी तोड़फोड़ के आंदोलन किए यह तरीका सही है जिसमें शोसल मीडिया फेसबुक इंस्टाग्राम ट्रूविटर आदि भतेरे साधन है जिनके द्वारा सामुहिक रूप से सटीक ज्यादा विरोधी आंदोलन का मंच है। ऐसे मंचों से सरकारी तंत्र का का

विरोध सहज और सरल है।

१० हथेलियों में ब्रह्मांड:---- विद्रोही की नैतिक कर्तव्य पथ कंटकों से भी न डरना प्रवृति परिस्थितियों में अडिग सजग और सतर्क रहने की प्रेरणा देती है। कथाकार ने काव्य में नव्य प्रयोग किए है जिनसे पाठकों को आध्यात्मिक ज्ञान चिंतन गहराई तक जाकर अपना परिणाम सोचना होगा। भगवान श्रीराम के बाद रूप में स्थापना दिवस समारोह में शामिल सम्पूर्ण भारत के अतिरिक्त विदेशी भक्तों की मनःस्थिति ओर राजनीतिक सर्कस में काम करने वाले विरोधी गतिविधियों में शामिल होते हैं उन्हें धर्म संस्कृति संस्कार और सनातन धर्म का विरोध करते रहने से फुर्सत नहीं मिलती है।शेष देशवासियों ने प्रभू दर्शन किए और धन्य मानने लगे।इन विषयों से संबंधित कविताएं प्रस्तुत काव्य संग्रह में संकलित किया है। प्रभू अनुष्का ने भौतिक जीवन से जुड़ी समस्याओं से छुटकारा पाने हेतु परमेश्वर सरण में मन को शांति मिले इसलिए तीर्थ यात्रा करने की इच्छा जताई है। शिखंडी शिखर बनी राजनीति शीर्षक कविता में सनातन विरोधी भेड़ियों ने जो पतन किया दुखदाई है। राष्ट्र और राष्ट्रगान मातृभूमि से प्रेम नहीं है।

जिन्हें नहीं राष्ट्रगान राष्ट्र प्रेम भारत मां से है प्रेम।
छुप जाएंगे ये जुगनू चाहते तोड़ना देश का गेम।।

कवि सहृदय व्यक्तित्व को दर्शाता है अपनाएं अपनापन कविता में संस्कृति संस्कार और सभ्यता को अपनाकर गरीब दलित शोषित पीड़ित वंचित वर्ग का प्रतिनिधित्व करते हुए

शीतल मन से वचन और कर्म से गरीब व्यक्तियों का उपकार।
जीवजंतु वन उपवन जलथल नरनारी सबको मिले अधिकार।

बिम्ब प्रति बिम्ब भाव जीवन का आधार मानकर संवेदनशील भावों को अभिव्यक्त किया है।गोली ओर गाली कविता में राजनीतिक मंचपर विदूषक बन गए श्वेत कपोत को लेकर व्यंग्यात्मक लहजे में सबकुछ कहे हैं।

११ गुंजन:- जैसा कि नाम से ही अभिहित हो रहा है कि कविताओं में प्रकृति परक कविताओं का गुंफन की गूंज सुनाई दे रही है। यद्यपि अशोक की कविताओं में राष्ट्रीय चेतना के साथ सामाजिक मापदंडों को अनुकूलित करने व अनाधिकृत बकवास के लिए कोई जगह नहीं है। उन्होंने युवाओं को नौकरी रोजगार सृजन संस्कृति संस्कार और खुशहाली के मार्ग पर चलने की बात कही है। बदलते किरदार राजनीतिक सर्कस मायावी मदारी,महामानव, प्रकृति सुंदरी का रुदन,उर अंतर में उठी चिंगारी आदि कविताओं में युवाओं को संदेश दिया है कि ऐसी सत्ता को उखाड़ फेंकना चाहिए जो समाज के विघटन की राह अपनाकर जाति धर्म की आग में देश को झोंकने का दुस्साहस करती है। ख़ामोशियों में जीवन शीर्षक कविता का उद्धहरण दृष्ट्या है

जाति मजहब धर्म बदल दिया और बदला गौत्र।

दादा गडगये थे कब्र में पंडित जी कहलाते पौत्र।। कवि हृदय लोकतंत्र की मर्यादा तार तार होती देख विक्षुब्ध हो उठे और कहने लगे

आज संसद विधानसभा में नेता करते हैं जूतम पजार।

नियत नियति नियंत्रण हीन हुई विचारधारा डूबे मझधार।।

कवि ज्योतिष शास्त्र के प्रकांड विद्वान और साहित्यकार है तो काव्य में प्रयोग करना साधारण बात होगी।

पूर्णिया तिथि का चांद शीर्षक कविता में प्रकृति मानवीकरण अलंकार रूप में देखा जा सकता है। प्रकृति संरचना में बदलाव नारी जीवन की तुलना करता है।कवि ने आगाज किया है जिसकी विश्लेषण परक मनःस्थिति को लेकर चिंतित रहता और सामाजिक मापदंडों रिश्तों की टूटन पारिवारिक संवेदना व्यक्त करता है।

नखत सम सुंदर आनन्द मनु पावन धरा पर अवतरित बसंत।

द्वादश मास षट्ऋतुओं में मौसम धरे प्रकृति सौंदर्य सुखवंत।।

इस प्रकार नारी शक्ति वंदन करो और अस्मिता की रक्षार्थ धीरज धर्म संस्कृति संस्कार निष्ठावान होकर सम्मान करो की बलवती भावना से ओतप्रोत उन्माद से परे रहकर सर्वजन हिताय बहुजन हिताय की बात करते हैं।"स्वाति नक्षत्र का प्रभाव"शीर्षक कविता में कवि ज्योतिष शास्त्र की अविरल ज्ञान धारा से दूरदर्शिता को दर्शाया है। उन्होंने नक्षत्र और ग्रह चाल के माध्यम से प्रकृति में संचार करने वाली हवा फल फूल पौधे ऋतु परिवर्तन नौतपा में भौगोलिक रूप को रूपायित करते हैं, वर्तमान राजनेताओं को प्रतीकात्मक रूप में स्थापित करते हैं

हस्त चित्रा स्वाति नक्षत्र योग रोहिणी में नौ तपा सी गर्मी होय।

आर्द्रा के हो प्रवेश प्रथम आषाढ़ कृष्ण पूर्वज्येष्ठ वर्षा से सोय।

संभल क्यों हुआ निर्बल शीर्षक कविता में कल्कि अवतार की चर्चा करते हुए पौराणिक कथाओं में वर्णित कथाओं को आधुनिक स्वरूप में आशिर्वाद प्राप्त मानकर विचारों को व्यक्त किया है। बिना तार के खम्भे बड़े अचंभे कविता में कवि ने सर्वत्र वर्जित कार्यों को करने वाले मतिमंद विरोधियों को अस्मिता से खिलवाड़ करने की सजा भुगतनी होगी चाहे राजा हो या रंक ही क्यों न हो?

१२ आधा तीतर आधा बटेर:- प्रस्तुत काव्य संग्रह में संकलित कविताओं में आम जनमानस में परस्पर विरोधी गतिविधियों में शामिल हुए लोगों को आगाह किया है कि नीति नियंत्रण से परे रहकर भ्रष्टाचार दकियानूसी सोच भूमाफिया धर्मविरोधी, सत्ता हथियाने वाले लोग अक्सर अपने निजी स्वार्थ से प्रेरित होकर गरीब भोली भाली जनता को गुमराह कर उल्लू सीधा कर रहे

हैं उन्हें सलाखों से कोई नहीं बचा सकता है।कवि ने नवीन क्रांति का आह्वान किया है।

१३ खंडित-अभिमान:- प्रस्तुत काव्य संग्रह की कविताओं में सामाजिक विद्रूपता अनैतिक कार्य कुंठित वासनाओं से अनुभवी ज्ञान प्रकाश से मानवीय मूल्यों को स्थापित कर जनमानस को जागरूक करने का आह्वान किया है।"दरिया सा गहरा नाता" उपहास ओर उपवास, इंसानियत के दुश्मन क्यों फैलाए जाति पाति का विष शीर्षक कविता में निहित भाव राजनीतिक इच्छा शक्ति छोड़े और देशभक्ति से सराबोर हो इस मनोभाव को कवि हृदय की नवीनतम उपलब्धि कहना समिचिन होगा।

जाति न पूछिए नेता की पूछ लीजिए भ्रष्टाचार।
पुरखे गढ़े धरती में कोई ताबूत श्मशान श्रृंगार।।

राजनीतिक व्यंग्यात्मक लहजे में बात को सहज अभिव्यक्ति में गागर में सागर भरने वाली उक्ति चरितार्थ सिद्ध प्रतीत होती है।तक्षवी सी सुंदर बाला का रूप अलंकार से सुशोभित आभूषण सा मन विरहाकुल तन में चुभता है।मैं सृष्टि सृजन

रक्षक विनाशक कविता के माध्यम से प्रकृति का मानवीकरण रूप में प्रतिष्ठित किया है।मैं फटेहाल जूता हूं कविता में प्रतीक बनकर तन बदन को उपमित किया है। प्रस्तुत काव्य संग्रह की कविताए रंग-बिरंगी पतंगों से विचारों की उड़ान भरते हुए दृष्टिगोचर होती है।

ग़रीबी सबसे बड़ा ईश्वर प्रदत्त अभिशाप
अमीर लोगों में छूपे हुएअन्याय ओर पाप
तन उजला मन मैला करते नित्य शोषण
दहाडी मजदूर की रोक लेते होता हैमरण
"आखिर कब-तक चमचागिरी करनेका अंत
भ्रष्टाचारी अंकुश नहीं लगा तो बने सब संत
व्यभिचार की आधीमें सद्भावना के उड़े डंडे
सदाचारी ईमानदार और संस्कारोंमें हुए ठंडे!1

१४ आंधी में दीप जलाए:-- प्रस्तुत काव्य संग्रह में संकलित कविताओं में सामाजिक रिश्तों को लेकर चिंतित अशोक ने वर्तमान समय सामाजिक राजनीतिक और आर्थिक स्थिति मजबूत हो इसलिए सत्ता के विरुद्ध आंदोलन सामान्य वर्ग बिना सफल हो नहीं सकता। तथाकथित सभ्य समाज और राष्ट्र निर्माण में योगदान दिया है जिससे नारीशक्ति को प्रोत्साहित करने की अवधारणा को अस्मिता से खिलवाड़ करने वालों को आगाह किया है। खुद को रहीं अस्मिता शीर्षक कविता में निहित भाव नारी शक्ति को शिकार होने का कारण बताती हैं,लेकिन आज नारी अस्मिता को खुद को रहीं हैं। खुद अभिशाप भोगने की अधिकारी बनीं हुई है।

समय बदल रही फूहड़ बात फैलाती बनती वल्लरी।
जुगत लगाए कैसे करते समीक्षा बचें अस्मिता नारी।।

धूप छांव सा जीवन शीर्षक कविता में राजनीतिक मंचपर विदूषक बन नेतृत्व में भारतीय विचारधारा को मानने वाले कोई भी विकल्प ढूंढरहे है लेकिन समझने की आवश्यकता है क्योंकि आज कल लोग कवि कहता है जन-मानस शांत था संत नहीं क्योंकि अशांति का अंत नहीं। कुएं में भांग मुर्गे की बांग शीर्षक कविता में जमाखोरी कालाबाजारी करने वालों की पोल खोल दी है।धनका अजगर कविता भ्रष्टाचार की परत दर परत खोलते हुए व्यंग्यात्मक लहजे में सबकुछ बताए

मुखंड़ धरा पर सनातन परंपरा और सांस्कृतिक विरासत

क्यों रिश्तेओर रास्ते हुए अलग ? शीर्षक कविता में सामाजिक विद्रूपता के लिए संघर्षरत स्त्रियों की वस्तु स्थिति को मजबूत करने और अपने अस्तित्व को बचाए रखने की वकालत की है।

"कूप मण्डूक बने फिरे यहां-वहां खुद को लेकर चिंतित नहीं
बरसाती मेंढक है ये धूर्त नर मौसम देख निकले कहीं कहीं
बेहतर होगे दुर्नीति दुर्योधन को समझे नहीं तो ठोकरें खाते
किरदार निभाते कपड़ों की तरह विचारों को बदलते रहते!

जाति धर्म आधारित समाज में ऐसे हलाहल फैलाए नेता समाज देश विभाजन की कुत्सित मानसिकता से बाहर निकल कर देश के विकास में यूवा पीढ़ी को आह्वान करते हैं।

"शब्दों के तीर तरकश से निकालते अपनों को घायल करते।
चिंता ओर चिता का अंतर यहीं न जीने के आधार न रहते।
रिश्तों के रास्तों से भटकने लगे रिश्तेदार केवल झूठे प्रपंच।
नाटकीय ढंग से रेखांकित करे रिश्ते रास्ते साफ न कलंक।

नजर वहीं नजरिया बदल गया"मन पंछी भया बावरा" कविताओं में वैश्विक धरातल पर हर समाज को विश्रृंखलित होने पर फूलसी कोमल कलि अस्मिता की शिकार हो रही है यह कहकर अशोक के हृदय तल को कुलिस जैसा आघात कर रही है।"शहर शहर आक्रोश"शीर्षक कविता में मुस्लिम परिवारों से युवाओं द्वारा जारी पत्थरबाजी हर हिंदू त्योहार और पर्व पर ही क्यों होती है?मुस्लिम पर्वों पर तो नहीं करते कवि अंत में खेद प्रकट करते हुए मिलकर एक दूसरे का सहयोग करने की बात कविता में कहते हैं।आज राम मंदिर स्थापित होने के बाद हिंदू मुस्लिम एकता पर बबाल करते तुच्छ स्वार्थ रत ढकोसला फैलाये राजनेता रोटी सेंक रहे हैं।

""किसीको न होश व्यर्थ में पिस रहे हिंदू मुस्लिम आक्रोश।

आक्रांता औरंगजेब की कब्र हो या मस्जिद संभल जोश।
दिल्ली में जंतर-मंतर पहुंचे या संभाजी नगर में परिवर्तन।
चाहते हैं देशजलाना क्यों चाहे चाहेविरोधी स्वर आवर्तन।
राजनेता बाटी सेंक रहे हैं बांटकर धर्म की आड़में चलरहे।
भीतर भीतर भुनरहे हैं वोटबैंक साधने वाले नेता जलरहे।
घमासान मचा हुआ एक दूसरे धर्म को नीचा दिखाने को।
फजीहत हुई किन्तु इस पर समझे न समझाएं जमाने को।"

१५ अलसाई आंखों में धूल:---- प्रस्तुत काव्य-संग्रह की कविताओं में वैश्विक धरातल पर मानवीय मूल्यों का ह्रास रोकने की कयावद की है साथ ही घटते राजनीतिक स्तर को नियंत्रित करने की आवश्यकता पर बल दिया है। संविधान की दुहाई देकर उसकी तोहिनी करने को उद्यत रहने वाले लोगों को आगाह किया है युवा पीढ़ी को भ्रमित कर उकसाया जाता है जिससे पत्थरबाजी से मतभेद विष फैले।"क्यों दामन पर दाग लगाते हो"? कविता में राजनीतिक सामाजिक और आर्थिक स्थिति मजबूत हो रही है देश निरंतर प्रगति की ओर अग्रसर है लेकिन यह बात विरोधी गतिविधियों में शामिल लोगों को हजम नहीं हो रही है। कुंभ स्नान आस्था के संगम की डुबकी लगाने का महत्व नगण्य मानने वालों पर विद्रोही ने ऐसा चाबुक चलाए कि विरोध कदम कदम पर धराशाई हो गए।

आधा तीतर आधा बटेर:-- प्रस्तुत काव्य संग्रह में चर्चित कविताएं हैं जिनका सीधा संबंध मानवीय मूल्यों से टकराहट यथार्थ को लेकर विभिन्न पहलुओं को उजागर करती है। सामाजिक मापदंडों को समायोजित कर काव्य में विस्तार पूर्वक बताया है।

टूटा हुआ रथ का पहिया:--- प्रस्तुत काव्य संग्रह में चर्चित कविताएं हैं जिनका सीधा संबंध राजनीतिक सर्कस मायावी मदारी बने हुए देशविरोधी सैकुलर गिरोह में शामिल गद्दारों की लालफीताशाही को लेकर अशोक विद्रोही ने बहुतायत लेखनी चलाई है और आम नागरिक के हितों की रक्षा करने निमित्त प्रशासन और सरकार को नसीहत दी है।आज की तुच्छ मानसिकता वाले लोगों को आगाह किया है कि देश किसी की बपौती नहीं है जो चाहते तानाशाही रवैया अपना कर जनता को मूर्ख बना सकते हैं। आज का नागरिक सुपरिचित है।वह अपने विवेक से मतदान कर सरकार बनाते हैं। उन्हें ज्ञात हो गया कि हमारी-आपकी सुरक्षा करने में देशकी एकता अखंडता को बनाए रखने में सक्षम है।

खंड खंड पाखंड:- कविता संग्रह में नारी शक्ति वंदन करते हुए उसकी अस्मिता मां बहन बेटी और पत्नी के नजरिए को लेकर विभिन्न प्रकार से काव्य में प्रयोग किया है। युवा पीढ़ी के लड़के लड़कियों की परिवर्तित विचार धारा को अभिव्यक्त करते हुए उन्हें राष्ट्रीय चेतना को जागृत कर

देश के लिए समर्पण की भावना से रूबरू कराने हेतु आह्वान करता है।मैं पीड़ाओं का गायक हूं कविता में सनातन संस्कृति संस्कार और सदाचार पर बल दिया है तथा धर्म की आड़ में धार्मिक स्थलों ग्रन्थों पर टीका टिप्पणी करते हैं उन्हें सचेत करते हुए धर्म संस्कृति और देशविरोधी सैकुलर गिरोह में अनल भाव से तिरोहित होकर देश में जयचंद बनकर विभाजन कारी परिस्थितियां उत्पन्न कर अशांति पैदा करने की कोशिश करें तो उनको कड़ी सजा देनी चाहिए।अनमोल रिश्तों की मर्यादा विस्मित खल खेल रहे भ्रष्टाचार दकियानूसी विचारों को तवज्जो नहीं देना चाहिए।

अध्याय - चतुर्थ

डॉ अशोक विद्रोही के काव्य में प्रकृति चित्रण

अशोक एक कथाकार होने के साथ साथ सहृदय व्यक्तित्व के धनी हैं जिनके काव्य में भाषा शैली छंद अलंकार का प्रकृति का मानवीकरण रूप में बखूबी चित्रण किया गया है।जिसे सुकुमार शैली और मधुर शब्दावली में प्रकृति का बारहवां मासा वर्णन फल फूल पौधे ऋतु परिवर्तन नौतपा जैसे पौराणिक आध्यात्मिक ज्ञान तत्वों का उल्लेख कर कवित्व भावों की अभिव्यक्तिसे अंतर्मन मुग्ध हो उठता है। अतः विद्रोही के काव्य में विस्तार से बताया जा रहा है।

(क) आलम्बन रूप में प्रकृति चित्रण:- वरणानातमक भाषा का प्रयोग आलम्बन का तात्पर्य सहारा या नींव जिससे वन उपवन लताएं सुंदरी पेड़ पौधे जीव-जंतु जल-थल नभ प्रलयकारी छांह धूप आदि। अशोक के काव्य में प्रकृति का मानवीकरण रूप में देखा जासकता है। कुशुम दुग्ध सी मधु धारा कविता में प्रकृति का आलम्बन रुप देखें

"जीवन निशीथ का अंधकार मध्यरात्रि का चंद्रचकोर लगे
प्रकृति-सौन्दर्य लहरी मानो कलियां,भ्रमर संग गूंज सजे
उन्मुक्त निशा भावरी भावों में भंगिमा भरी भाग्य रेखासी
सुंदर भाव कलना कलित कल्पना कालिंदी-कुंज रेखासी
पिक बसंत ऋतु षट् पद पदार्थ सृष्टि सृजन में नव सृजन
आलोकित कररहा रजनीश शीत निशिथ चांदनी में गगन"।

इस प्रकार खंड खंड पाखंड काव्य संग्रह की की कविताओं में प्रकृति की तुलना मधुबाला विभावरी से की है।काव्य मंजरी की अधिकतम कविता प्रकृति परक है। गुंजन अलसाई आंखों में धूल आधा तीतर आधा बटेर, काव्य प्रवाह,काव्य मंजरी,मेरी प्रिय कविताए, हथेलियों में ब्रह्मांड, खंडित अभिमान आदि काव्य संग्रहों में प्रकृतिपरक कविताओं में आलम्बन रुप देखा गया है।

"क्रीड़ा साम्राग्यी बनी परिछाई" कविता में कवि ने प्रकृति को समझने की क्षमता को प्रभावित किया है।

जीवन सम्राज्ञी बनी क्रीड़ांगन में खेल खेलती विचित्र
उठा-पटक देख जीवन मैं अनुभव किए बहु चलचित्र
छाया चित्र बन परछाईं आंख-मिचौली खेली निरंतर।

अंतर्मनमें छुपी भावनाएं आहत हुई विचारा प्रत्युत्तर।।
परख लिए लोग लुगाई धर्म अपने संस्कार हुए लुप्त।
शत्रु मित्र है बैरी प्यारा रिश्ते नाते क्षीण गए चंद्र छुप।।

"अंधेरी रात का दीपक जलाएं कौन" शीर्षक कविता में "प्रकृति का आलम्बन रुप यत्र तत्र सर्वत्र विद्यमान है।

कोई अंधेरी रात में कौन से दीपक जलाकर बैठा।
ज्ञान भक्ति और श्रद्धा की मशाल लिए हाथ ऐंठा।।
मर्म गीता का सुनाए भ्रम मिटा प्रगति सीख देता।
नर हो न निराश दुःख की रजनी को मार्तंड हरता।।

फूलों की घाटी तन्हाई में कविता में प्रकृति के मनोहर दृश्य अंकित आकृति में हिम का कुहासा छाया रहा है। आतंकी ठिकानों पर घने जंगल में जीव अपार है।वह केसर की क्यारियां खिल रही है। बारहमास में ऋतु परिवर्तन कविता में प्रकृति का अध्धयन उपहार स्वरूप बारह महिनों में वर्षा शरद गर्मी पौष माह की ठिठुरन को लेकर विभिन्न प्रकार से आलंकारिक भाषा में प्रयोग किया है।

"षट्ऋतुओं में मौसम होता भिन्न रूप प्रकृति का उपहार।
नव संवत्सर शुरू है भारतीय नववर्ष चैत्र प्रतिपदा सार"।।

दीपशिखा सी सुंदर धार पृ ८८अमबर से धरा तक कविता में प्रकृति सुंदरी को लेकर कहा है

काले बादल छाए मेघ घटा नैना हुए कजरारे कहकर आषाढ़ माह की चौमासा से पानी के बहते परनालों की कल-कल ध्वनियां श्रावण मास में झडियां चल रही है चारों ओर हरियाली का परिधान ओढ़े प्रकृति परी नवोढ़ा बाला हंसती मुस्कुराती नाचती है।कवि सहृदय होने से पहले सतोल कर बोलते हैं प्रलय निशासी चंचल स्मृतियों को पंचभूत का तांडव नृत्य कविता में स्थापित किया है।

"मधु गुंजार मधुकरी सी प्रकृति यौन हुआ था मदमस्त।
प्रलय मंजर के तूफान ने सबकुछ किया अस्त-व्यस्त।।"

पल्लवित-पुष्पित कृशांगी कविता में प्रकृति को विरहाकुल स्थिति में धैर्य की कोशिश करते हुए मानवीकरण अलंकार रूप में प्रस्तुत किया है। हरा रंग हरियाली का प्रतीक कविता में प्रकृति के पेड़-पौधों का पहना परिधान मानो नवौढा प्रियतम से मिलने को आतुर प्रतीत होती है। मेहंदी से ही शुभ कार्य करना चाहिए, क्योंकि मंगल काज में मैहंदी ओर हल्दी को शुभ माना जाता है।यहां कवि ने आध्यात्मिक ज्ञान और गूढ़तम रहस्यों ज्योतिष शास्त्र की बात कही है। प्रकृति देती समरसता का संदेश कविता में पक्षियों के घोंसलों में चहचहाहट प्रातः कालीन रवि किरणों

से शोभित वातावरण रमणीय प्रतीत होता है। कुरूक्षेत्र रणभूमि से संदेश खंड काव्य में जब दुर्योधन दुर्नीति बढ़ने लगी जयद्रथ को लेकर चिंतित अर्जुन को कहा अब चहुंओर शुभता के संकेत हैं वध कर प्रकृति प्रसन्न चारों तरफ विजय प्राप्त होंगी हर्षोल्लास पूर्वक प्रकृति में बसंत छाया हुआ है।धूल धूसरित रणभूमि घोड़ों की हिनहिनाहट ऊर्ध्व ध्वनि से अम्बर कम्पायमान हो गया।कोए गिद्ध लासों के ढेर चारों ओर अंधकार छाया था।

गजगामिनि वृषभानुजा कविता में प्रकृति का मानवीकरण रूप सूर्य चंद्रमा चकवा चकवी खंजन नयन अभिराम अधर वंशिका बनकर रागिनी राग सुनाए हैं।

(ख) उद्दीपन रूप में प्रकृति चित्रण:- उदीप्त भावना या या उत्तेजित करना होगा। उद्दीपन विभाव रस से सराबोर होता है जीवन जन्तु बढ़ाना मस्तिष्क की प्रबल उत्तेजना को प्रकटीकरण उद्दीपन कहलाता है। विद्रोही ने केवल राष्ट्रीय चेतना को जागृत नहीं किया वरन् प्रकृति के चतुर चितेरे सौंदर्य प्रसाधन के रूप में प्रकृति के हर पल परिवर्तन को सूक्ष्म दृष्टि से अवलोकन कर कविता में स्थापित किया है।

संयोगिता कविता में प्रकृति के बहरूप की चर्चा की है

"जीवन ज्योति जगमग धुति चपला सुंदर मनमोहक
जीवन संघर्षों से गुणा गणित ज्ञान वितरित झोक
जो नृत्य करे पंचभूत देह चमके बालों से मतवाली
पंचम बाण तन-मनसे पूरित सकल मनोरथ अवली

रसाल सी सुंदर गदराई हुई नवोदित अभिनेत्री मानों नटी नृत्य कर सबको रिझाने हेतु आतुर रहती है।नायिका को एक सौरमास से भरपूर कजरारे नैनों में अनुशासन एवं कर्तव्य पथ पर अग्रसर रहते हुए नारी सम्मान भाव से तिरोहित होकर रसाल मंजरी खिल रही है।

सुंदर घूंघट ओढ़े प्रकृति परी बन मनाए सुहागरात
आगे कवि विद्रोही मन से सपनों की साकार बात
मन में प्रेम धीरे-धीरे हरसे जो तन बदन गदरा गये
चाहत अंतर्मन में उपजा मानो प्रकृति बाला जिये
कवि मनोज मन भाया अतिरंजित शीतलता भाव
उन्मुक्त गगन में पंछी सा सा लहराया भावना चाव

काव्य तरंग, काव्य मंजरी काव्य प्रभा,टूटा हुआ रथ का पहिया, आंधी में दीप जलाए गुंजन आदि काव्य संग्रहों में प्रकृतिपरक कविताओं की भरमार है।

(ग) ग्रामीण शहरी विकास, वन उपवन, खेती बाड़ी:- कवि ने काव्य तरंग में आषाढ़ का प्रथम दिन कविता में प्रकृति षड्‌ ऋतु सप्ताह में वर्षा का आगमन कृषकों के चेहरों पर मुस्कान सजाते हुए समस्त भूमि वर्षा से गीली हो गई है और खेतों में बुवाई करने का समय आगया है। चारों ओर हरियाली की आभा देख किसान प्रसन्न होकर भगवान को धन्यवाद देते हैं।

भौर में पक्षियों की चहचहाहट इंद्र देव को धन्यवाद देते हैं।जो दादुर मोर पपिहा कोयल की ध्वनियां सुनाई देती है।कीप पतंगों की भरमार है। जलप्रपात बहने लगे।कवि की बात गहरी सोच को दर्शाता है कि भक्ति भावना कूट-कूट कर भरी हुई है जिसमें पंच मकारों की ओर ध्यान आकर्षित करना चाहिए सात्विक आहार में भक्त को विरोधाभास का सामना करना पड़ता है।चपला चंचल चितवन चमके नभ घटाएं छाई हुई है। कवि ने सर्वत्र व्याप्त वैचारिक उन्मेष को लेकर कहा है कि प्रकृति की सुंदर मनमोहक झांकियां श्रावण मास में झरने झरती नदियां पोखर तालाब भरगये तीज हरियाली अमावस्या रक्षाबंधन पर्व पर सुंदर कविता है!जीवन,भक्ति,और अध्यात्म के बारे में बहुत ही गहरे विचार हैं। कवि ने मन को भुवंग (सांप) और शरीर को उसकी केंचुली (छिलका) से तुलना की है, जो कि एक बहुत ही अनोखा और गहरा विचार है।

इस कविता में कवि ने जीवन के विभिन्न पहलुओं को छुआ है, जैसे कि प्रेम, भक्ति, और आत्म-ज्ञान। इसमें भगवान की दिव्यता और शक्ति का वर्णन भी है, जो कि अखिल जगत को प्रकाशित करने वाले हैं। चंचल चितवन शरीर है कछार कविता में प्रकृति में संचार करने वाले पेड़ पौधे लगाए जो गगन में जुगनू बन टिमटिमाते हुए किसलय अनल भाव से तिरोहित होकर रसाल मंजरी खिल रही है मानो वृक्ष परिपक्वता अवधि को प्राप्त कर पर्यावरण को स्वच्छ रखने में मदद करते हैं। गांवों धान की बालियां निकलने वाली है। बसंत ऋतु का आगमन चेहरों पर मुस्कान सजाते हैं फाग के गीतों में यह खुशी बखूबी देखी गई है।कवि ने काव्य में चमत्कार हेतु आलंकारिक भाषा में प्रयोग बहुत किया है साथ रस गुण दोष रीतियां प्रयोग काव्य-शास्त्रीय परम्परा का प्रयोग यथोचित रूप में देखा गया है। काव्य में विस्तार से जानकारी दी गई है। अंधाधुंध पेड़ों की कटाई और खनन माफिये वनों को काटकर अलग पहचान बना चुके हैं। सरकारी प्रयासों पर पानी फेर कर उत्कोच का माफिया राज ने भ्रष्टाचार फैला कर वनों में रहने वाले पशु पक्षियों की तस्करी करने वाले स्वयं सोचें और भावी पीढ़ी के अस्तित्व को ख़तरे से बचाव हेतु प्रकृति से बराबरी न करें।आज गांव और शहर दोनों ही गंदगी की मिसाल बन गए हैं। सरकार भी उद्यानों पर ध्यान केंद्रित करनी चाहिए जिससे प्रकृति पर्यावरण संरक्षण से स्वस्थ्य समाज का निर्माण हो।कवि की कविताओं में अरावली पर्वत श्रृंखला को बचाने के लिए संघर्षरत प्रकृति प्रेमियों को आह्वान करते हैं।वरवर्णिनी निशाख्य कविता में प्रकृति में संतुलन बनाए रखने एवं सृष्टि समृद्ध करने में सांप छछूंर,शेर हिरण पक्षियों की संरक्षा ओर सुरक्षा का संकल्प लेना

होगा तभी हम प्रकृति को सुरक्षित कर सकते हैं।

"खेचर श्वेतगिरि आंचल में उड़ते उन्मुक्त भावसे निरंतर
गगन मंडल की कालिमा देख वृक्षों पर उछले घन भर
संदेश मिले एकता व अखंडता के स्वतंत्रता विचार हो
बात निराली स्मृतियांओझलदृष्टि लोचन निज साथ हो"!
माघ फाल्गुन मौसम अतिसुन्दर फराए हवा बरसे मेघ
मावठ की मंद मंद बूंदें चना गेहूं सरसों में हुई हरि देह
धीरे-धीरे फाल्गुन रुत ने उतरायण मार्तंड रश्मि तेज
विरहिणी पंचम स्वर आहत होई प्रतिक्षा प्रियतम सेज

आगे देख सकते सामान्य वर्ग बिनु होय सिद्धि को यहां चरितार्थ करते हैं।

"सैकत शैय्या बनी हुई है धरा हरित पत्र आचछाद।
आरत मन से कैसे बचें मन चंचल चितवन विषाद।। काव्य माधुरी पृ ११९ इस प्रकार कवि ने सहज मनोयोग से अपलक निहारते हुए प्रकृति सुंदरी की शोभा बढ़ाई है।

(घ) लोक संस्कृति, लोक विश्वास चित्रण:-

लोक संस्कृति की परिभाषा - अंग्रेजी का प्रमुख शब्द | फाइवएबल - Fiveable

लोक संस्कृति से तात्पर्य किसी विशेष समुदाय या समूह की पारंपरिक प्रथाओं, मान्यताओं और रीति-रिवाजों से है, जो अक्सर पीढ़ियों से चली आ रही हैं

लोक संस्कृति - (एपी मानव भूगोल) - शब्दावली, परिभाषा, व्याख्या

लोक संस्कृति, प्रायः ग्रामीण क्षेत्रों में रहने वाले छोटे, समरूप समूहों के पारंपरिक रीति-रिवाजों, रीति-रिवाजों और विश्वासों को संदर्भित करती है, जो पीढ़ियों से .

लोक संस्कृति

लोक संस्कृति एवं लोकोत्तर संस्कृति तथा विश्व की सभी संस्कृतियों का बीज एक ही है। यह बीज लोक संस्कृति ही है। लोक संस्कृति बहुत व्यापक है, वहाँ वह सब कुछ है जो लोग

लोक संस्कृति अपनी विविधता को मूल संस्कृति में पिरोने का कार्य करती है। लोक संस्कृति जीवन में जागृति पैदा करती है सकारात्मक सोच व उत्साह लाती है। ये सोच जीवन की

लोक संस्कृति और लोक साहित्य लोक साहित्य को लोक संस्कृति का सर्वाधिक महत्त्वपूर्ण अंग माना जा सकता है

लोक विश्वास क्या है

लोक विश्वास क्या ह किसी समाज में पीढ़ियों से चली आ रही परंपराओं, आस्थाओं और

लोक-मान्यताओं का एक अनौपचारिक संग्रह है। ये विश्वास तर्क या विज्ञान से अधिक लोगों के स्वाभाविक भरोसे पर टिके होते हैं और लोक धर्म, रीति-रिवाजों, जादू-टोने, शकुन-अपशकुन, तथा जीवन-मृत्यु से जुड़े होते हैं।

लोक विश्वास के मुख्य पहलू:

जन-स्वीकृति: जब किसी मान्यता को पूरा समाज या समूह अपना लेता है, तो वह 'लोक-विश्वास' बन जाता है।

परंपरागत: ये मान्यताएँ अनुभव और परंपरा के आधार पर एक पीढ़ी से दूसरी पीढ़ी में हस्तांतरित होती हैं।

विविधता: इनमें भूत-प्रेत, जादू, टोना, ताबीज, शगुन-अपशगुन, रोग निवारण के घरेलू उपाय और धार्मिक आस्थाएं शामिल होती हैं।

व्यवहारिक: ये सैद्धांतिक न होकर व्यावहारिक जीवन (खान-पान, रहन-सहन) में गहराई से रचे-बसे होते हैं।

उदाहरण: जैसे बिल्ली का रास्ता काटना, छींकने पर काम रुकना, या मांगलिक कार्यों से पूर्व वर्जनाओं का पालन करना।

भारतीय लोक-संस्कृति में ये लोकविश्वास लोकजीवन को शक्ति संपन्न और अर्थपूर्ण बनाने में महत्वपूर्ण भूमिका निभाते हैं।

लोकविश्वास

पुराणों में लोकविश्वासों की भरमार है। उनकी कथाओं में निहित लोकविश्वास जहाँ पात्रों को जीवंत बनाते हैं, वहाँ कथा को नयी गति देते हैं। कथाओं ने लोकविश्वासों के ..

लोक मान्यताएं

लोककथा विज्ञान में, लोक मान्यता या लोक-विश्वास लोककथाओं की एक व्यापक शैली है जो अक्सर कथाओं, रीति-रिवाजों ,अनुष्ठानों , खान-पान की परंपराओं , कहावतों और तुकबंदी सामान्य शब्दों में लोकविष्वास का तात्पर्य जनता की उस आस्था से लिया जाता है जिसे मानकर वह अपने धार्मिक मान्यताओं एवं लोकाचारों का पालन करती है

लोक मान्यताएँ: उत्पत्ति एवं महत्व:-लोक मान्यता की परिभाषा और अर्थ लोक मान्यता , जिसे लोक धर्म भी कहा जाता है, किसी समुदाय में पीढ़ियों से चली आ रही पारंपरिक मान्यताओं, रीति-रिवाजों और प्रथाओं का ..

पौराणिक काल में लोकविश्वास - भारतकोश, ज्ञान का हिन्दी महासागरलोकविश्वास लोक और विश्वास दो शब्दों से बना है, जिसका अर्थ है-लोकमान्य विश्वास। वे विश्वास जो लोक द्वारा स्वीकृत और लोक में प्रचलित होते हैं, लोकविश्वास कहलाते रोटी को कभी उल्टा नहीं रखना

चाहिए, इससे दुर्भाग्य आता है। रविवार को कभी भी कोई काम नहीं करना चाहिए, क्योंकि वह एक पवित्र दिन है। अगर बिजली कड़कती है, तो समझ लीज लोकविश्वास लोक और विश्वास दो शब्दों से बना है, जिसका अर्थ है-लोकमान्य विश्वास। वे विश्वास जो लोक द्वारा स्वीकृत और लोक में प्रचलित होते हैं, लोकविश्वास कहलाते हैं। वैसे विश्वास किसी प्रस्थापना या मान्यता की व्यक्तिपरक स्वीकृति है,लोककथा विज्ञान में, लोक मान्यता या लोक-विश्वास लोककथाओं की एक व्यापक शैली है जो अक्सर कथाओं, रीति-रिवाजों , अनुष्ठानों , खान-पान की परंपराओं , कहावतों और तुकबंदियों के माध्यम से व्यक्त की जाती है।

भारतीय लोक जीवन और संस्कृति में लोकविश्वासों का महत्व एक आकलन सामान्य शब्दों में लोकविष्वास का तात्पर्य जनता की उस आस्था से लिया जाता है जिसे मानकर वह अपने धार्मिक मान्यताओं एवं लोकाचारों का पालन करती है

लिए आवश्यक है हमारा लोकमानस एवं अन्तर्मन जिन तत्त्वों से निर्मित होता है,उनमें ऐसे विश्वास सबसे अधिक राहता रखते हैं संस्कृत साहित्य में लोक-विश्वास की परिपाटी अत्यन्त समृद्ध रूप में मिलती. है। पुराणों को भारतीय लोक-संस्कृत!

मर्यादा पुरुषोत्तमराम लोक विश्वास के प्रतीक!वैदिक युग में तो 'राम' नाम का संकेत मात्र मिलता है, लेकिन पौराणिक युग में राम का चरित्र भारतीय संस्कृति में इतना घुलमिल जाता है, कि दोनो जैसे एक दूसरे के पूरक बन जाते है। राम के उज्जवल चरित्र को लेकर चलने वाली ...

ब्रज लोक संस्कृति में प्रचलित विश्वास और प्रतीकमें जितनी वस्तुएं प्राप्त होती हैं, उन सभी के संबंध में कोई न कोई, किसी न किसी प्रकार का एक लोक विश्वास प्रचलित,लोकविश्वास सकारात्मक और नकारात्मक दोनों प्रकार के होते हैं।

अध्याय - पंचम

ज्योतिष शास्त्र का संक्षिप्त परिचय

(१) सिद्धान्त स्कन्धः

त्रुट्यादिप्रलयान्तकालगणना मानप्रभेदः क्रमा
च्चारश्च द्युषदां द्विधा च गणितं प्रश्नास्तथा सोत्तराः ।
भूधिष्ण्यग्रहसंस्थितैश्च कथनं यन्त्रादि यत्रोच्यते
सिद्धान्तः स उदाहृतोऽत्र गणितस्कन्धप्रबन्धे बुधैः ॥

अर्थात् ज्योतिषशास्त्र के जिस स्कन्ध के अन्तर्गत सूक्ष्मतम से महत्तमकालकी गणना तथा मानोंके भेद, ग्रहों के चार, द्विविध गणित (व्यक्त एवं अव्यक्त), ग्रहक्षसे सम्बन्धित सभी प्रश्नोंके उत्तर, ग्रह-नक्षत्रोंकी गति-स्थिति एवं यन्त्रपरिचय आदि वर्णित हो, उसे सिद्धान्त स्कन्ध कहते हैं। इसके अतिरिक्त सिद्धान्त स्कन्धमें प्रमेय-विवरण, सृष्टि ज्योतिष शास्त्रका सामान्य परिचयः-

विचार, खगोल एवं भूगोल-विषयक चिन्तन, ग्रह-नक्षत्रोंके वेध-यन्त्रों के विज्ञान का विचार ग्रहण विचार,दिग्देश काल गणना इत्यादि विषयों का सैद्धान्तिक एवं गणितीय विचार किया जाता है।सिद्धान्त स्कन्धको गणित स्कन्धके नामसे भी जाना जाता है। सूक्ष्म विभाजनकी दृष्टिसे गणित स्कन्धके भी पुनःतीन विभाग माने जाते हैं, जो सिद्धान्त, तन्त्र एवं करणरूपमें प्रतिष्ठित हैं। सिद्धान्तभागमें ग्रहगणितगणना कल्पारम्भकालसे, तन्त्र भाग में युगारम्भकालसे एवं करण - विभागमें अभीष्ट शकसे की जाती है। लक्षणका चिन्तन आदिके विषय इस विभागमें होते हैं। संहिता स्कन्धके प्रमुख ग्रन्थ – गर्गसंहिता, वसिष्ठसंहिता, नारदसंहिता आदि आर्षग्रन्थ तथा बृहत्संहिता, अद्भुतसागर इत्यादि पौरुष ग्रन्थ हैं। आचार्य वराहमिहिर बृहत्संहिताको संहिता स्कन्धका सबसे प्रामाणिक ग्रन्थ माना जाता है।

सिद्धान्त स्कन्धके प्रसिद्ध ग्रन्थ – सूर्यसिद्धान्त, सिद्धान्तशिरोमणि, सिद्धान्ततत्त्वविवेक, पंचसिद्धान्तिका, सिद्धान्तशेखर एवं आर्यभटीयम् इत्यादि हैं ।

(२) संहिता स्कन्ध संहिता स्कन्धमें ग्रहनक्षत्रोंके द्वारा भूपृष्ठपर पड़नेवाले सामूहिक प्रभावका विवेचन किया जाता है। इस स्कन्धको भौतिक एवं वैश्विक ज्योतिष भी कहा जाता है। संहिता स्कन्धके विषयमें वराहमिहिरने लिखा है

ज्योतिः शास्त्रमनेकभेदविषयं स्कन्धत्रयाधिष्ठितम्,

तत्काrभ्योपनयनस्य नाम मुनिभिः सङ्कीर्त्यते संहिता । वस्तुतः सिद्धान्त और होरा स्कन्धोंका संक्षेपमें समवेत विवेचन ही संहिता है । संहिता स्कन्धमें ग्रहोंकी गति, ग्रहयुति, मेघलक्षण, वृष्टि

- विचार, उल्का - विचार, भूकम्प - विचार, जलशोधन, विभिन्न शकुनोंका विचार, वास्तुविद्या तथा ग्रहणादिका समस्त चराचर जगत्पर पड़नेवाला सामूहिक प्रभाव इत्यादिका विचार किया जाता है। संहिताके विषयोंको भी तीन प्रकारसे विभाजित किया है। (१) पंचांगविषयक, (२) राष्ट्रविषयक, (३) व्यक्तिविषयक

(क) पंचांगविषयक – तिथि - वार - नक्षत्र - करण - योगके द्वारा समष्टिगत चिन्तन पंचांग विषयक संहिताके विषय होते हैं। इसके अन्तर्गत मुहूर्त आदिका विधान होता है।

(ख) राष्ट्रविषयक–प्राकृतिक उत्पात -भूकम्प वर्षा इत्यादि विषयों का चिन्तन राष्ट्र विषयक संहिता विभाग में समाहित होते हैं।

(ग) व्यक्तिविषयक –यात्रा -शकुन, स्त्री-पुरुष -

(३) होरा स्कन्ध सिद्धान्त एवं अपेक्षा सरल होने एवं साक्षात् समाजसे सम्बद्ध होनेके कारण ज्योतिषशास्त्रके तीनों स्कन्धोंमें सर्वाधिक लोकप्रियता होरा स्कन्धकी है। मानव जीवनके जन्मसे लेकर मृत्यु -पर्यन्त सभी प्रश्नोंका समाधान जन्मकालिक एवं प्रश्नकालिक ग्रहस्थितिके आधारपर होरा स्कन्धके द्वारा किया जाता है। यह स्कन्ध मानव-जीवनके सम्भाव्य अशुभोंको ग्रह-नक्षत्रों के द्वारा जानकर उनके निवारणहेतु वेदविहित समाधान प्रस्तुत करता है। होरा शब्दकी उत्पत्ति अहोरात्रसे होती है, जो कि दिनसूचक शब्द है। अहोरात्रके पूर्व और पर वर्णके लोप करनेसे 'होरा' शब्द बनता है'होरेत्यहोरात्र विकल्पमेके वाञ्छन्ति पूर्वापरवर्णलोपात् ॥'

संहिता स्कन्धकी होरा स्कन्धमें मेषादि द्वादश राशियों, सत्ताईस नक्षत्रों एवं सूर्यादि नवग्रहोंकी परस्पर स्थिति गतिदृष्टि-योग सम्बन्ध वशात् मानवमात्रपर पड़नेवाले शुभाशुभ फलका पूर्ण विवरण समाहित है,अतः इसे जातकशास्त्र भी कहा जाता है।

होरा स्कन्धके प्रसिद्ध ग्रन्थ - बृहत्पाराशर होराशास्त्र, बृहज्जातक, जातकपारिजात, फलदीपिका, सारावली, जैमिनिसूत्र इत्यादि हैं।

ज्योतिषशास्त्र के षडंग – ज्योतिषशास्त्रके भेदोंको यदि और विस्तारित किया जाय तो इसके मुख्यतया छः अंग दृष्टिगत होते हैं

जातकगोलनिमित्तप्रश्नमुहूर्त्ताख्यगणितनामानि
अभिदधतीह। षडङ्गान्याचार्या ज्योतिषे महाशास्त्रे ॥

अर्थात् जातक, गोल, शकुन, प्रश्न, मुहूर्त और गणितये मुख्यतः छः अंग माने गये हैं। वस्तुतः ये छः अंग स्कन्धत्रयके अन्तर्गत ही आते हैं,परंतु विस्तृत व्याख्याहेतु इनका विभाजन पृथक्-पृथक् किया गया है। इनका संक्षेपमें विवरण इस प्रकार है।

(१) जातकशास्त्र - जातक के जमकालिक अनुसार उसके भूत भविष्यकेशुभाशुभ ज्ञान हमें जातकशास्त्रके माध्यम से होता है। (२) गोल

एवावग्रहाणा संस्थानमा प्रतिपादनार्थम्।
स्मृतः क्षेत्रविशेष एवं प्राज्ञैरतः स्याद गणितेन गम्य।

अर्थात् गोल एक प्रकारका क्षेत्र विशेष है, जिसमें आकाशीय ग्रहस्थितिका प्रत्याभास करके ग्रहगणितको

(३) शकुनशास्त्र — शकुनशास्त्रको निमित्तशास्त्र भी कहा जाता है। मानवद्वारा आचरित पूर्वजन्म एवं वर्तमान जीवनके शुभाशुभ कार्योंकी सूचना तत्कालमें व्यक्तिके आसपास हो रहे क्रियाकलापोंके द्वारा शकुनशास्त्र के माध्यमसे दी जाती है, यथा

अन्यजन्मान्तरकृतं कर्म पुंसां शुभाशुभम् ।
यत्तस्य शकुनः प्रोक्तं निवेदयेत् पृच्छताम् ॥

शकुनके दो भेद माने जाते हैं - (१) शुभ शकुन, (२) अशुभ शकुन ।

(४) प्रश्नशास्त्र - प्रश्नशास्त्र ज्योतिषशास्त्रका अत्यन्त महत्त्वपूर्ण अंग है। प्रश्नशास्त्र के माध्यम से प्रश्नकर्ताक प्रश्नोंका उत्तर तात्कालिक ग्रहस्थितिके द्वारा दिया जाता है। प्रश्नशास्त्र के द्वारा प्रश्नकुण्डली बनाकर शंकाओंका समाधान किया जा सकता है। इसके अन्तर्गत आयु निर्णय, रोग-निर्णय, आजीविका-सम्बन्धी निर्णय, विवाह, सन्तान सुख, जय-पराजय-विचार, वृष्टि-विचार, यात्रा विचार, नष्ट वस्तुका ज्ञान-सम्बन्धी निर्णय इत्यादि समस्त जनसामान्योपयोगी प्रश्न समाहित होते हैं।

(५) मुहूर्त—ज्योतिषके छः अंगोंमें अत्यन्त प्रमुख अंग है मुहूर्त | तिथि-वार- नक्षत्र - योग और करण पंचांगके पाँच अंग माने जाते हैं, इन्हींके आधारपर शुभाशुभ मुहूर्तका निर्णय किया जाता है। वर्तमानकालमें चाहे कोई भी कार्य हो, उसके लिये मुहूर्तकी अत्यन्त आवश्यकता पड़ती है;क्योंकि शुभ मुहूर्तमें किया गया कार्य शुभफलदायक होता है एवं अपनी पूर्णताको प्राप्त करता है।

विधा फल-फूल रही है, उसके मूलमें ज्योतिषशास्त्रका गणित अंग है।चाहे अंकगणित हो, बीजगणित हो रेखागणित हो, इन सबका विस्तृत विवेचन यहाँ उपलब्ध है।सामान्यतः गणित विभागको ज्योतिषशास्त्रके सिद्धान्त स्कन्धके अन्तर्गत माना जाता है। इस भागके प्रत्येक पहलूका सोपपत्तिक वर्णन उपलब्ध होता है। आजके विज्ञानका मूल आधार भी ज्योतिषशास्त्रका सिद्धान्त भाग ही है।

ज्योतिषशास्त्रका मानव जीवनमें महत्व अपने उत्पत्तिकालसे ही ज्योतिषशास्त्र प्राणिमात्रके लिये अत्यन्त उपयोगी एवं महत्त्वपूर्ण रहा है। यह मानव जन्मसे मृत्यु तक के विविध प्रश्नों का

समाधान प्रस्तुत करते हुए सफल जीवन जीने का मार्ग प्रशस्त करता है। जन्मकालसे ही ज्योतिषशास्त्रकी उपयोगिता आरम्भ हो जाती है; क्योंकि आजन्म मृत्यु पर्यन्त षोडश् संस्कार एवं श्रौत - स्मार्त कर्मोहेतु शुभकालका निर्देश ज्योतिषशास्त्रके बिना सम्भव नहीं है। इसीलिये इसकी महत्ताको प्रतिपादित करते हुए नारदसंहितामें नारदजीने लिखा है

विनैतदखिलं कार्य श्रौतस्मार्तं न सिद्धयति।

आचार्य भट्टोत्पलने इसकी आवश्यकताको प्रतिपादित करते हुए स्पष्टरूपमें कहा है कि सर्वारम्भरच जगतो लोके च विविधाःक्रियाः।

इसके अतिरिक्त सम्प्रति जीविका - निर्धारण, रोगपरिज्ञान, कृषि, अर्थ, मौसमविज्ञान, प्राकृतिकोत्पात, पर्यावरण प्रदूषण एवं सामाजिक सन्तुलनके क्षेत्रमें भी ज्योतिषशास्त्र के द्वारा विस्तृत अध्ययन एवं शोधपूर्वक लाभ पहुँचाया जा सकता है। रोग परिज्ञानके क्षेत्र में चिकित्सा-ज्योतिषके अन्तर्गत विभिन्न विश्वविद्यालयोंमें प्रचलित परियोजनाओंके परिणाम अत्यन्त उपयोगी सिद्ध हुए हैं।इन्हीं सब विशेषताओं के कारण ज्योतिष शास्त्रको सभी शास्त्रों में उत्तमस्थान प्रदान करते हुए आचार्यांने लिखा है कि

यथा शिखा मयूराणां नागानां मणयो यथा।
तद्ववेदाङ्गशास्त्राणां ज्योतिषं मूर्ध्नि संस्थितम् ॥

(६) गणित – गणित ज्योतिषशास्त्रका सर्वाधिक वैज्ञानिक अंग माना जाता है। वर्तमानकालमें जो गणितज्ञ हैं।

भारतीय कालगणना भूमण्डल एवं अन्तरिक्षका सूक्ष्म ज्ञान हमारे ऋषिमुनियोंने प्राप्तकर विश्वको दिया। ब्रह्मगुप्त, आर्यभट, भास्कराचार्य आदि गणितज्ञोंने ग्रहों एवं नक्षत्रों - सम्बन्धी अपूर्वज्ञान प्राप्तकर ज्योतिषविज्ञान के क्षेत्रमें विश्वका मार्गदर्शन किया। हमारे ज्योतिर्विदोंने नक्षत्रों, ग्रहों एवं राशियों का प्रत्यक्ष ज्ञान प्राप्त किया। उनकी गति, उनके परिभ्रमण एवं परिक्रमणके मार्गका अवलोकनकर उनके आधारपर कालगणनाका सिद्धान्त निर्धारित किया। वेद और पुराण इसके साक्षी हैं। विश्वने उन सिद्धान्तोंको कालान्तरमें परखा और सही पाया तथा स्वीकारा | यह निर्विवाद सत्य है कि आजका साधनसम्पन्न विज्ञान भी प्राचीन भारतके उस सूक्ष्मतम ज्ञानतक नहीं पहुँच पाया है।

सप्ताहके दिनोंका नामकरण:-सप्ताहके दिन जिन्हें हम रविवार, सोमवार आदि नामसे पुकारते हैं, क्या किसी वैज्ञानिक आधारपर आधारित हैं ? रविवारके बाद सोमवार एवं सोमवारके पश्चात् मंगलवार ही क्यों आता है? क्या आपने कभी इसपर विचार किया ? सम्भवतः आप सोचते होंगे कि यह एक मनगढ़न्त क्रम है, जो आदिकालसे चला आ रहा है। कोई पाश्चात्य सभ्यताप्रेमी यह भी कह सकता है कि वारोंके इस क्रमको हमने पश्चिमसे प्राप्त किया, पर इसमें कोई अत्युक्ति नहीं

है कि कैलेण्डरके लिये सारा विश्व भारतका ऋणी है। केवल वार एवं मास ही नहीं, बल्कि घण्टा (आवर्स), मिनट, सेकेण्डतक भारतीय पंचांगका ही रूप है।

अथर्ववेदके 'अथर्व-ज्योतिष' में वारोंके नाम एवं क्रमका स्पष्ट उल्लेख मिलता है

आदित्यः सोमो भौमश्च तथा बुधबृहस्पतिः।
भार्गवः शनैश्चरश्चैव एते सप्तदिनाधिपाः॥

यह ग्रन्थ पाँच हजार वर्ष पुराना है, जबकि पश्चिमी देश वारोंके नामोंका प्रयोग दो सहस्र वर्षोंसे कर रहे हैं। अतः निश्चित रूपसे सप्ताहके वारों का नामकरण संस्कार भारतमें हुआ तथा शेष विश्वने भारतसे ही तत्सम्बन्धी ज्ञान प्राप्त किया। वारोंका क्रम कैसे बना ?

ऋषि-मुनियोंने ठोस वैज्ञानिक आधार पर सप्ताहके वारों का क्रम निर्धारित किया है।पृथ्वी और सूर्य से घनिष्ठ सम्बन्ध रखने वाले सात ग्रहों की कक्षाओं के अनुसार सात वार निश्चित किये गये हैं,जो सम्पूर्ण विश्व में प्रचलित हैं।वार शब्द(वासर) दिनका संक्षिप्त रूप है।कई समाचार पत्र रविवारीय अंक के स्थान पर रविवासरीय अंक लिखते हैं। एक अहोरात्र (दिन-रात) एक वासर अर्थात् एक दिन होता है। अहोरात्र से होरा शब्द लिया गया है,जो कालमानकी एक छोटी इकाई है। होरा एक अहोरात्रका २४वाँ भाग होता है, जिसे आंग्ल में ऑवर्स कहते हैं।दिन-रातमें २४ घण्टे होते हैं। अतः एक होरा एक घण्टे अथवा २१/२ घटीके बराबर होता है। इसी होरा से वारों की गणना प्रारम्भ हुई,यह उल्लेखनीय है कि भारतीय ज्योतिष में सम्पूर्ण गणना पृथ्वीको केन्द्र मानकर की गयी है,जबकि वास्तवमें सौर-परिवार केन्द्र सूर्य है,जिसके चारों ओर अपनी-अपनी कक्षाओंमें पृथ्वीसहित समस्त ग्रह परिक्रमण करते हैं,पर भारतीय ज्योतिष दृश्य-स्थितिको स्वीकारता है।पृथ्वी से देखने पर विभिन्न राशियोंमें से अन्य ग्रहोंकी भाँति सूर्य भी परिक्रमा करता हुआ प्रतीत होता है।अतः सूर्यको भी ज्योतिर्विज्ञानमें एक ग्रह मान लिया गया है।अन्तरिक्ष में ग्रहों की कक्षाओं की वास्तविक स्थिति निम्न प्रकार है।'सूर्य,बुध,शुक्र,पृथ्वी, मंगल,गुरु,शनि।वास्तवमें यही कक्षा-क्रम सप्ताह के वारों के आधार पर कालगणना करनी चाहिए भारतीय काल गणनाआधार है। सृष्टिके प्रारम्भिक दिन चैत्र शुक्ल प्रतिपदा रविवारको प्रातः समस्त ग्रह मेष राशि के प्रारम्भिक भाग अश्विनी नक्षत्रपर थे,जैसा कि'कालमाधव- ब्रह्मपुराण' की निम्न पंक्तियोंसे प्रमाणित होता है।

"चैत्रे मासि जगद् ब्रह्मा ससर्ज प्रथमेऽहनि।
शुक्लपक्षे समग्रे तत्तदा सूर्योदये सति॥
प्रवर्तयामास तदा कालस्य गणनामपि।
ग्रहान्नागानृतून्मासान् वत्सरान्वत्सराधिपान्।
उस दिनसे गणनाकर भारतीय ज्योतिर्विदोंन।"

सप्ताह,पक्ष और मास सूर्यादि सात वारोंके क्रमानुसार एक चक्र पूर्ण होनेके कालका नाम सप्ताह है। सप्ताहसे अगली कालावधि पक्ष है। चन्द्रकलाओं की वृद्धि से शुक्लपक्ष तथा ह्राससे कृष्ण पक्ष का निर्धारण हुआ। पक्षके समान तिथि और मासका ज्ञान भी चन्द्रसे ही हो सकता है। चन्द्रमा को देखकर सर्वसाधारण बतला सकता है कि आज अमावस्या है या पूर्णिमा ?अतः साधारणतः व्यवहार में चान्द्रतिथि एवं चान्द्रमास प्रयोग होता है।बार्हस्पत्य आदि नौ मासोंमें से अग्रांकित चार प्रकारके मास का प्रयोग व्यवहारमें होता है।

१. सौरमास इस मासका सम्बन्ध सूर्यसे है। पृथ्वीकी वार्षिक गतिके कारण सूर्य विभिन्न राशियों को भोगता हुआ प्रतीत होता है। सूर्य एक राशिमें जितनी अवधितक रहता है उस अवधिको एक सौरमास कहा जाता है। राशियों की लम्बाईमें अन्तर होनेके कारण सौर मास कम-से-कम २९ दिन तथा अधिक-सेअधिक ३२ दिनका होता है। बारह सौरमास अर्थात् एक वर्षका मान ३६५ दिन ६ घण्टे ९ मिनट १०.८ सेकेण्ड होता है।

२.चान्द्रमास शुक्लपक्ष की प्रतिपदा से अमावस्या - तक एक चान्द्रमास माना जाता है। अमावस्याको सूर्यचन्द्र एक राशिके समान अंशपर होते हैं, अतः सूर्यचन्द्रमाका अन्तर ही चान्द्रमास कहलाता है। चान्द्रमास २९ दिन ३१ घटी ५० पल ७ विपल ३० प्रतिविपलका होता है।

३.नाक्षत्रमास चन्द्रमा द्वारा २७ नक्षत्रों को पार करनेके कालको नाक्षत्रमास कहते हैं। नाक्षत्रमास २७ दिन १९ घटी १७ पल ५८ विपल का होता है ।

सावनमास –लोकव्यवहार एवं पंचांगों में चान्द्रमास को स्वीकारा गया है। यह मास वास्तवमें अमावस्या से अगले दिन अर्थात् शुक्लपक्षकी प्रतिपदा से प्रारम्भ होकर अमावस्याको दिनका माना जाता है।

सर्वम् समाप्त होता है। तभी पूर्णिमाको १५ तथा अमावस्याको ३० अंकसे प्रकट किया जाता है। सभी पंचांगों में विक्रम सम्वत् चैत्र • शुक्ल प्रतिपदासे प्रारम्भ होकर अगले चैत्रकी अमावस्या को पूर्ण होता है, पर लोक व्यवहार में चान्द्रमास पूर्णिमा के अगले दिन कृष्णपक्ष की प्रतिपदा से शुक्लपक्ष की पूर्णिमा तक माना जाता है।

महीनोंका नामकरण:-चान्द्रमासों के नाम नक्षत्रों के नामपर रखे गये हैं। पूर्णिमा को जो नक्षत्र होता है, उस नक्षत्रके नाम पर उस मासका नाम रख दिया गया। चन्द्रमा चैत्र शुक्ल प्रतिपदाको अश्विनी नक्षत्रपर प्रकट हुआ था तथा पूर्णिमाको चित्रा नक्षत्रपर आया। इस कारण प्रथम मास का नाम चैत्र पड़ा। अगले मासकी पूर्णिमा को विशाखा नक्षत्र होनेसे उस मासका नाम वैशाख रख दिया गया। इसी प्रकार पूर्णिमा को ज्येष्ठा नक्षत्र होनेसे ज्येष्ठ, पूर्वाषाढ़ासे आषाढ़, श्रवण नक्षत्रसे श्रावण, पूर्वा भाद्रपदसे भाद्रपद, अश्विनीसे आश्विन, कृतिका से कार्तिक, मृगशिरासे

मार्गशीर्ष, पुष्य नक्षत्रसे पौष, मघासे माघ एवं पूर्वाफाल्गुनी से फाल्गुन नाम रखा गया।

भारतीय संस्कृतिमें सूर्य एवं चन्द्र दोनोंको समान महत्त्व दिया गया है। महीनोंके रूपमें जहाँ चान्द्रमासको प्रधानता दी गयी है, वहाँ वर्षके रूपमें सौरवर्ष को स्वीकारा गया है। सौरवर्ष ३६५१/४ दिनके लगभग तथा चान्द्रमास ३५४ दिनके लगभग होता है। यदि इन दोनों में एकरूपता नहीं लायी जाय तो हमारे त्योहार भी मोहर्रमकी भाँति कभी ग्रीष्मऋतुमें तथा कभी शिशिरऋतुमें आयेंगे, ऐसा न हो, इसलिये निरयन सौरवर्ष एवं चान्द्रवर्ष के लगभग ११ दिनके अन्तरको मिटानेके लिये अधिकमास या मलमासकी व्यवस्था की गयी। ३२ मास १६ दिन ४ घटी उपरान्त अधिक मास पुनः आता है। अधिक मास ज्ञात करनेहेतु वर्तमान शक सम्वत्में से ९२५ घटायें। शेषमें १९ का भाग दें। यदि शेष ३ बचे तो चैत्र, ११ बचे तो वैशाख, ८ बचे तो ज्येष्ठ,१६ बचे तो आषाढ़,५ बचे तो श्रावण, १३ बचे तो भाद्रपद,२ शेष -दिनोंका क्रम दिनाधिपति सूर्य शुक्र बुध चन्द्र (सोम) शनि गुरु मंगल १ रविवार प्रथम वार २ सोमवार १ २ ३ दूसरा वार ४ ३ मंगलवार १ २ ३ तीसरा वार ४ ४ बुधवार २ ३ चौथा वार ४ ५ गुरुवार ३ पाँचवाँ वार ४ ६ शुक्रवार ३ ४ छठा वार १ २ ७ शनिवार १ २ ३ सातवाँ वार ४अधिकमास क्षयमासके ३ मास पश्चात् आता है।

पक्ष -पक्ष दो हैं, कृष्णपक्ष तथा शुक्लपक्ष। ये १५-१५ तिथियोंके होते हैं। कृष्णपक्ष पितरोंका दिन तथा शुक्लपक्ष पितरोंकी एक रात्रि होती है।

चन्द्रमाको एक कलाका अयन - ये २ (दो) उत्तरायण तथा दक्षिणायन, छः-छः मासके होते हैं। एक वर्षमें २ अयन होते हैं। सूर्यकी मकर संक्रान्तिसे मिथुन-संक्रान्तितक उत्तरायण तथा सूर्यकी कर्क संक्रान्तिसे धनु-संक्रान्तितक दक्षिणायन होता है। उत्तरायण देवताओंका एक दिन तथा दक्षिणायन देवताओंकी एक रात्रि होती है।गोल-गोल दो हैं। उत्तर गोल (उत्तरी ध्रुव) तथा दक्षिण गोल (दक्षिणी ध्रुव)। छः राशियाँ- मेष, वृष, मिथुन, कर्क, सिंह और कन्या उत्तर गोलमें है तथा शेष छः राशियाँ,तुला,वृश्चिक,धनु,मकर,कुम्भ और मीन दक्षिण गोल में हैं।पृथ्वी के मध्य में पूर्व से पश्चिम (या पश्चिमसे पूर्व) एक कल्पित रेखा है,जिसे भूमध्य (Equater) रेखा कहते हैं।इस रेखाके ऊपर उत्तरमें उत्तर गोल तथा नीचे दक्षिणमें दक्षिण गोल है। इनके ध्रुव-स्थानको उत्तरी ध्रुव तथा दक्षिणी ध्रुव कहते है।

ऋतुएँ – एक वर्षमें छः ऋतुएँ होती हैं। प्रत्येक ऋतु दो- दो मासकी होती है,क्रमशः आती-जाती हैं। इनके नाम हैं

(१) वसन्तऋतु फाल्गुन, चैत्र -बैशाख आदि।तिथि- तिथियाँ १ से ३० तक एक मासमे ३० होती हैं। ये विभाजित हैं। प्रत्येक पक्षमे १५-१५ तिथियाँ होती हैं। इनकी क्रम संख्या ही इनके नाम हैं। ये हैं(१) प्रतिपदा,(२) द्वितीया, (३) तृतीया,(४) चतुर्थी,(५) पंचमी (६) षष्ठी,(७) सप्तमी,

(८) अष्टमी, (९) नवमी, (१०) दशमी, (११) एकादशी, (१२) द्वादशी, (१३) त्रयोदशी, (१४) चतुर्दशी तथा (१५) पूर्णिमा और (३०) अमावस्या शुक्लपक्ष की अन्तिम तिथि १५वीं पूर्णमासी या पूर्णिमा है तथा कृष्णपक्ष की अन्तिम तिथि ३०वीं अमावस्या है।जिस दिन सूर्य और चन्द्रमा एक ही राशिपर होते हैं,तब वह तिथि अमावस्या होती है। उस दिन सूर्य और चन्द्रमाका गति अन्तर शून्य अक्षांश होता है।जिस दिन सूर्य और चन्द्रमा आमने-सामने अर्थात् ६ राशि या १८० अंशके अन्तरपर होते हैं,वह तिथि पूर्णमासी कहलाती है।अमावस्या तिथि के दो प्रकार हैं। (१) सिनीवाली अमावस्या जो चतुर्दशी तिथि मिश्रित(२) कूहू अमावस्या,जो प्रतिपदा मिश्रित पूर्णमासी के दो प्रकार हैं। (१अनुमति' पूर्णिमा तथा 'राका'पूर्णिमा।तिथि निर्माण चन्द्रमाकी गति सूर्यसे प्राय: तेरह गुना अधिक है। जब इन दोनोंकी गतिमें १२ अंशका अन्तर आ जाता है, तब एक तिथि बनती है। इस प्रकार ३६० अंशवाले 'भचक्र' (आकाश-मण्डल) में ३६०÷१२- ३० तिथियोंका निर्माण होता है। एक मासमें ३० तिथियाँ बनती हैं। यह नैसर्गिक क्रम निरन्तर चालू है।

तिथि क्षय-वृद्धि–एक तिथिका मान १२ अंश होता है, कम न अधिक। सूर्योदय के साथ ही तिथि नाम एवं संख्या बदल जाती है। यदि किसी तिथिका अंशादि मान आगामी सूर्योदयकालसे पूर्व ही समाप्त हो रहा होता है तो वह तिथि समाप्त होकर आनेवाली तिथि प्रारम्भ मानी जायगी और सूर्योदयकालपर जो तिथि वर्तमान है, वही तिथि उस दिन आगे रहेगी। यदि तिथिका अंशादि मान आगामी सूर्योदयकाल के उपरान्त तक, चाहे थोड़े ही कालके लिये सही रहता है तो वह तिथि-वृद्धि मानी जायगी। यदि दो सूर्योदयकाल के भीतर दो तिथियाँ आ जाती हैं तो दूसरी तिथिका क्षय माना जायगा और उस क्षय तिथि की क्रम संख्या पंचांग में नहीं लिखते, वह तिथि अंक छोड़ देते हैं। आशय यह है कि सूर्योदयकाल तक जिस भी तिथिका अंशादि मान वर्तमान रहता है। चाहे कुछ मिनटों के लिये ही सही वही तिथि वर्तमान में मानी जाती है। तिथि-क्षय वृद्धि का आधार पर होती है।

(ख) डॉ अशोक विद्रोही के काव्य में ज्योतिष अन्य योग

कवि ने प्रकृति का आलम्बन रुप ओर उद्दीपन रूप में चित्रण भी काव्य रचनाओं में बखूबी ज्योतिष शास्त्र एवं वास्तु शास्त्र का प्रयोग यथोचित रूप में दृष्टिगोचर होता है। श्री राम चरित मानस में ज्योतिषीय चिंतन पुस्तक में ज्योतिषीय दृष्टि को शोधपरक मनःस्थिति को लेकर विभिन्न पहलुओं को उजागर किया है तथा वर्तमान में आवश्यकता भी थी। अशोक ने सभी कृतियों में गहनता का सच्चा प्रयास किया है। श्री राम चरित मानस में अयोध्या जनकपुर के प्रासाद तड़ाग पोखर पत्थर के शिल्प कौशल को नूतन रूप में प्रतिष्ठित किया है।कंगूरो,गोखो

तोरण द्वार अट्टालिकाएं व द्वारों पर लगाएं गये किवाड़ जिन पर विभिन्न प्रकार की कलाकृतियां उकेरी गई हैं जो युगीन कला का दर्शाता है।

(ख) पंचांग का अर्थ क्या है?

पंचांग दैनिक जीवन को लेकर कहना चाहता हूं कि भारतीय संस्कृति में सबसे ज्यादा प्रयुक्त ज्योतिष शास्त्र में व्यावहारिक जीवन का महत्वपूर्ण एवं अनिवार्य हिस्सा है, हिंदू (सनातन)रीति-रिवाजों व पारंपरिक दैनिक जीवन में सुख शांति समृद्धि की महत्वपूर्ण भूमिका निभाता है वह पंचांग है जो तिथियाँ प्रस्तुत कर सारणी बद्ध रूप में गणना करता है,उसे पंचांग कहते हैं। पंचांग का उपयोग व्यावहारिक जीवन के साथ साथ ज्योतिष शास्त्र , कुंडली निर्माण के लिए भी किया जाता है।पंचांग मुख्यतः पाँच भागों से बना है। ये पांच भाग हैं जिनके अभाव में प्रकृति परिवेश ओर दैनिक घटना क्रम को सुनियोजित तरीके से व्यवस्थित करने हेतु समय-समय सामाजिक राजनीतिक आर्थिक सांस्कृतिक कार्यक्रम प्रस्तुत कर प्रत्यक्ष अप्रत्यक्ष तौर पर फलादेश एवं मुहूर्त तिथि-वार-नक्षत्र योग और संस्कारों का पतडे द्वारा बताया है कि एक गणित कर्ता बिना पंचांग के गणित ओर फलित ज्योतिष शास्त्र कुंडली निर्माण कार्य पूरा नहीं कर सकता है।यहां दैनिक पंचांग में आपको शुभ समय, राहुकाल, सूर्योदय और सूर्यास्त का समय, तिथि, करण, नक्षत्र, सूर्य और चंद्र ग्रह की स्थिति, हिंदू माह और पहलू आदि के बारे में जानकारी मिलती है।

पंचांग के पाँच रूप है तिथि, वार, नक्षत्र, योग, करण:

(क) तिथि: वैदिक कालीन संस्कृति में सबसे अधिक प्रचलित काल गणना के अनुसार, सूर्य रेखा से 12 डिग्री ऊपर जाने के लिए चंद्र झुकाव में लगने वाले समय को तिथि कहा जाता है। माह का प्रारंभ कृष्ण पक्ष की प्रतिपदा से माना गया है तथा माह का अंत पूर्णिमा तिथि को होता है।यह ज्योतिषीय गणना के आधार पर उल्लेखनीय है।

तिथियों का नामकरण - प्रतिपदा, द्वितीया, तृतीया, चतुर्थी, पंचमी, षष्ठी, सप्तमी, अष्टमी, नवमी, दशमी, एकादशी, द्वादशी, त्रयोदशी, चतुर्दशी, अमावस्या / पूर्णिमा।

(ख) नक्षत्र: आकाश मण्डल में एक तारा समूह को नक्षत्र कहा जाता है। इसमें 27 नक्षत्र शामिल हैं और नौ ग्रह इन नक्षत्रों के स्वामित्व में हैं। 27 नक्षत्रों के नाम इस प्रकार हैं आश्विन नक्षत्र, भरणी नक्षत्र, कृतिका नक्षत्र, रोहिणी नक्षत्र, मृगशिरा नक्षत्र, आर्द्रा नक्षत्र, पुण्यसूत्र नक्षत्र, पुष्य नक्षत्र, अश्लेषा नक्षत्र, मघा नक्षत्र, मघा नक्षत्र, पूर्वा नक्षत्र, पूर्वा नक्षत्र, पूर्वा नक्षत्र है। विशाखा नक्षत्र, अनुराधा नक्षत्र, ज्येष्ठा नक्षत्र, मूल नक्षत्र, पूर्वाषाढ़ा नक्षत्र, उत्तराषाढ़ा नक्षत्र, श्रवण नक्षत्र, गंड नक्षत्र, शतभिषा नक्षत्र, पूर्वाभाद्रपद नक्षत्र, पूर्वा नक्षत्र नक्षत्र है।

(ग) वार: वार का अर्थ है दिन। एक सप्ताह में सात दिन होते हैं। सात वार ग्रहों के नाम पर ये नाम रखे गए हैं - सोमवार, मंगलवार, बुधवार, गुरुवार, शुक्रवार, शनिवार, रविवार।

(घ) योग: नक्षत्र की तरह, योग के 27 प्रकार हैं। यह सूर्य और चंद्रमा की अलग-अलग दूरी के लिए विशेष गणना करता है।

(ड) करण: तिथि पर दो करण हैं। किसी तिथि के पहले भाग में और किसी तिथि के उत्तरार्ध में। कुल 11 करण हैं जिनके नाम इस प्रकार हैं - बव, बालव, कौलव, तैतिल, गर, वनिज, विशति, शकुनि, चतुष्पद, नाग और किंस्तुघन। विष्टि करण को भद्रा कहा जाता है और भद्रा में शुभ कार्य वर्जित माना जाता है।

पंचांग दैनिक जीवन में विशेष महत्व रखता है। खगोलशास्त्र में मेघ मंडल में असंख्य तारागण, सूर्य चन्द्र एवं नक्षत्रों से बनने वाली राशियां होती है।ये सब बातें खगोलशास्त्र में वर्णित किया गया है।

(ग) डॉ अशोक विद्रोही के साहित्य में ज्योतिष:- अशोक विद्रोही ने काव्य में नव्य प्रयोग किए है जो प्रकृति चित्रण के साथ साथ ज्योतिष शास्त्र की झलकियां साझा करते हुए दिखाई देते हैं। काव्य मंजरी काव्य प्रभा काव्य मंजरी मेरी प्रिय कविताए हथेलियों में ब्रह्मांड पद्य प्रसून आदि काव्य संग्रहों में विस्तार पूर्वक वर्णन किया है। अशोक विद्रोही सृजन विषय में शक संवत तिथि वार नक्षत्र योग करण आदि के जन्म मृत्यु सुख शांति गडमूल नक्षत्र और उत्पन जातक का जीवन में पड़ने वाले प्रभाव को बखूबी नवीन प्रयोग के रूप में ं प्रस्तुत किया है।

(क) शकुन अपशकुन:- ये लोक रूढ़ियां लोक विश्वास एवं परम्परागत आध्यात्मके मूल्यों के आधार पर आधारित जन-मानस में प्रचलित दन्त्य कथाओं के रूप में प्रतिष्ठित किया है।शकुन अपशकुन शीर्षक कविता में देख सकते हैं।

अर्ध रात्रि में जब कुक्कर बायल साल चिल्लाते हैं। नाक छींक, कुत्ते का रोना कान फटकार मुंह में मक्खी,खाली मटकी मिलना रास्ते में लकड़ी मिलना मुर्दा मिलना बिल्ली का रोना रास्ता काटना पंचकों में मरना आदि।

मानव मन अचेत होकर अनेक दुखित भाव दर्शाते हैं।। काव्य मंजरी पृ१२२1

कवि की कविताओं में अशोक ने मातंगी बगलामुखी,गौरी, गणेश श्रीराम हनुमान और शिवजी की महिमा का गुणगान मंगलाचरण में तथा कविताओं में प्रकृति से जुड़े तथ्यों व समान शब्दों का प्रयोग यथोचित रूप में प्रतिष्ठित किया है।सात फेरों के साथ वचन, स्वयं वर रचा मिथलेश,नव वर्ष नया संदेश,पिंगल हिंदू नव वर्ष,कवि सहृदय व्यक्तित्व को दर्शाता है कर्म फल भाग्य में अंतर मन की भावनाओं को व्यक्त करने में सक्षम है।षोडस संस्कार कविता में सनातन संस्कृति में युगों-युगों से चली आरही परंपराएं हैं जो संसार में आए हैं उन्हें धर्म संस्कृति संस्कार के आधार पर जीवन में गुजरना होगा।

पुरूष शुक्र नारी रज से सुरूप बना देह संसार।

पुंसवन सीमांतो नयन पश्चात् जातकर्म संस्कार।।

काव्य मंजूषा पृ ५४

(ख)खगोलीय दृष्टि कवि की कविताओं को पढ़ने से स्पष्ट पर लक्षित होता है कि कई को ज्योतिषीय ज्ञान है जो पारम्परिक तरीके ज्ञान और गूढ़तम रहस्यों को उजागर करता है। गडमूल नक्षत्रों का प्रभाव शीर्षक कविता में कवि ने सत्ताइस नक्षत्रों में छः गंडमूल नक्षत्रों की पूजा करने का विधान बताया है जिससे चार चरणों में उत्पन्न बालक मां बाप खुद ओर भाई बहिन के अनिष्ट को रोका जा सकता है। आगे इन नक्षत्रों में उत्पन्न बालक को तेजस्वी तकनीकी विज्ञान चिकित्सा एवं अन्य विद्याओं में प्रवीण होने वाले क्रोधी स्वभाव भाग्यशाली संतान माना है साथ ही शांति न करवाने पर अरिष्ट की चिंता भी की है।

अश्विनी प्रथम नक्षत्र चरण खुद द्वितीय मां मां विचार।
तृतीया शुभ फल देता है चतुर्थ पिता करते उपचार।।

काव्य मंजूषा पृ ५३ सत्ताई दिन की पूजा करने से गंडमूल नक्षत्रों की शांति होए दान पुण्य अनुष्ठान होगा। आषाढ़ का प्रथम दिन, श्रावण-भादौ मास कुंडली दर्शन, कविता दर्पण कहकर मानव जीवन का उल्था प्रस्तुत करता है।

कुंडली वह आईना है जिसमें सब रहस्य छुपा है।
जन्म मरण ओर परण की बात को छापा है।।

काव्य प्रवाह पृ ७३ पुनर्जन्म की बात ज्योतिष शास्त्र में बताया है, जैसा कि गीता में आत्मा अजर-अमर है शरीर मरता है। पुनर्जन्म कविता में देखें

जब चार ग्रह बली हों अष्टम भाव में हो दृष्टि।
पुनर्जन्म की कथा वाचन,वाचन से हो सृष्टि।।

काव्य प्रवाह पृ१०१ संस्कार कविता के माध्यम से षोडस संस्कार जीवन के अनिवार्य रूप को रूपायित करते हैं। आर्यावर्त में काशिनाथ की महिमा का गुणगान किया है। त्रिदेव की असीम अनुकम्पा को कवि ने मंगलाचरण के अलावा नमः शिवाय कविता में सनातन धर्म संस्कृति को बढ़ावा दिया है।नोमी तिथि मधुमास पुनीता कविता में प्रकृति और ज्योतिष कुरूक्षेत्र रणभूमिसे संदेश खंडकाव्य में श्री कृष्ण द्वारा अर्जुन को दिया उपदेश में सम्पूर्ण ब्रह्माण्ड पुराण दर्शनके वेद वेदांग सृष्टि के कण कण में मैं हूं कहकर संबोधित किया है। याज्ञसेनी मणिकर्णिका आदि खंड काव्य में विस्तार पूर्वक बताया कि दिन रात उदय अस्त जीव जंतु सब में मेरा अंश है। सत्ताई नक्षत्रों नवग्रह षोडशोपचार कुंडली फलादेश आदि विषयों पर चर्चा करते हुए आध्यात्मिक ज्ञान को यथासंभव कविता के माध्यम से प्रस्तुत किया है। प्रकृति पर्यावरण संरक्षण के बिगड़ते स्वरूप की चिंता बढ़ा रही है। खगोलीय घटनाओं से महामारी कोरोना वायरस, बेमौसमी बरसात से

धन-धान्य हानि,मौसम परिवर्तन से संबंधित सभी जानकारी देकर, वास्तु शास्त्र भूमि-भवन तड़ाग पोखर पत्थर पहाड़ों का खनन माफिये वनों को काटते हैं इन तस्वीरों को कविताओं के माध्यम से रेखांकित किया है। बारहमासा प्रकृति वर्णन किया है जो पारम्परिक तरीके से ज्योतिष शास्त्र अनुसार विरहिणी अलाप पंचम स्वर पंच तत्व आदि की बात यथा संभव उनके ज्ञान की लब्धि को दर्शाता है। षट्ऋतुओं का क्रमवार प्रस्तुतीकरण कवि के चतेर चित की परिकल्पना साकार करता है।

अध्याय - षष्ठ

डॉ अशोक विद्रोही के काव्य में संवेदना शिल्प

साहित्य मनुष्य को संकीर्ण सीमाओं से ऊपर उठाता है। मानवीय सरोकार मूल्य चेतना संवेदना की अभिव्यक्ति की तीव्रता पर साहित्य उद्देश्य निर्भर है।आंगिक चेष्टाएं एवं पर अपना क्रियाकलाप जिस तरह मनोभावो की अभिव्यक्ति का सशक्त माध्यम है। शिल्प विधान पर ही साहित्य की रोचकता, स्वाभाविकता ओर सहजता निर्भर करती है। लेखन का उद्देश्य डॉ अशोक का मत है कि मेरा मत केवल तुकबंदी गद्यांत्मक काव्य सृजन गद्य में समकालीन परिदृश्य में यथार्थ को मानवीय सरोकार से ओतप्रोत सांस्कृतिक विरासत को बचाएं रखने, नैतिक मूल्यों की स्थापना करना प्रशासन एवं राजनीतिक जीवन में जनमानस में विकास कार्य की बात करें राष्टीय चेतना संवेदना शून्य जीवन व्यर्थ है। लेखकीय संवेदनशील होकर मर्यादा में रहकर साहित्य सृजन में भाषा रोचक मुहावरे कही कही ज्योतिषीय शब्द एवं विषयों के उदाहरणों का प्रयोग किया गया है।वरण्य विषयों में सामाजिक, राजनीतिक आर्थिक सांस्कृतिक सरोकार एवं संवेदना संघर्ष ओर चेतना की सहजता से प्रस्तुत किया है।

क कथ्य एवं शिल्प का गहरा सामंजस्य:---- विद्रोही के नाम की सार्थकता उनके सम्पूर्ण साहित्य में राष्ट्रीय चेतना से ओतप्रोत दृष्टिगोचर होती है। अशोक विद्रोही की भाषा सहज पाठकों को समझने में आसानी रहती है। प्रकृति सौन्दर्य को आलंकारिक भाषा चमत्कार पूर्ण कविताएं लिखी हैं। वैयक्तिक चिंतन और मनन करने पर लेखक का उद्देश्य काव्य सृजन में कला संस्कृति को बढ़ावा दिया है।

छाई है हरियाली कानन में प्रकृति में अंधेरा है।
कर रहा है मानव अनीति आज कुकर्मो ने घेरा है।
घर घर में व्याप्त बुराइयों को मिटाने का करो दृढ़ संकल्प आज।
होगा खत्म अंधियारा गरीब दलित पीड़ित शोषित न होगा समाज।

काव्य मंजरी पृष्ठ ८,१२ कवि मनोवेग से बात करते हुए जीवन में एक दूसरे को लेकर समाज कल्याण की बात करते हैं। इक्कीसवीं सदी में प्रवेश कर मानवीय मूल्यों को नकारना युवा पीढ़ी को भटकाव का इशारा करता है। कवि शोषित पीड़ित वर्ग केलिए ललकारता है ज्ञान उसी को भाता है जिसके पेट की आग बुझेगी।

महामारी सहकर जीवे गरीब यह कैसी विडम्बना होगी।वहीं पृष्ठ १०० कवि अशोक ने राजनीति चौसर खेल में शकुनि शिखंडी जयद्रथ ओर दुर्योधन चरित्रों को प्रतीक रूप में प्रतिष्ठित

किया है। याज्ञसेनी खंडकाव्य में द्रोपदी को लेकर नारीजीवन में फैला विष प्रतीकात्मक रूप को दर्शाता है। कुरूक्षेत्र रणभूमि से संदेश खंडकाव्य में चक्रधारी बोले हे पार्थ सारथी हूं नहीं तेरा तुझको मालूम नहीं तुम कितने जन्म लेचुके है मैं जानता हूं।मैं ही सबकुछ हूं। सर्वज्ञ कण-कण में व्याप्त हूं।हे नर श्रेष्ठ तू व्यर्थ चिंता मत कर।

यौन विकृतियां जन्म लेती है सामाजिक चक्रों से।
पुरुष अपनाते हैं नारी का दामन कुकत्य के चक्रों से।
नौ वर्ष की बालिका जो जीवन राह नही जानती।
हिंसक पापी अन्यायी उसे मां बनने की है ठानते।

काव्य तरंग, काव्य धारा, काव्य मंजूषा, काव्य माधुरी,काव्य प्रवाह संग्रहों में नैतिक मूल्यों को नकारना युवा पीढ़ी को संस्कारवान बनाएं रखने हेतु अशोक विद्रोही आक्रोशित स्वर में बोला है।

ठग विद्या है सब प्रेम यह कामुकता है झूठा सहारा
जिसने जाने बिन पगलाती है दिए अपनों को गवारा
क्या कौन जाना क्या चाहता है प्यासा है तेरे तन का
व्यर्थ है समर्पण तेरा क्यों चाहे मेल नहीं है जीवन का।

काव्य धारा पृष्ठ २१अनगिनत मनकी पीड़ा, व्याकुल मन कैसी उलझन,प्रलय मजर हिमगिरि का, दिव्य स्वप्न का मिलन,जीवन शैली भंगार परिवर्तन आदि कविताओं में अस्तित्व मिटाने वाले मक्कारी भ्रष्टाचार बनाम शिष्टाचार वालों को कड़े शब्दों में संदेश दिया है।

ग:-भाषिक संरचना :---- साहित्यकार का वैशिष्ट्य उसकी भाषा शैली में व्यक्त विचार विशेषताएं हैं जिनपर निर्भर करता है। अशोक विद्रोही का भाषिक स्तर वस्तुस्थिति परिनिष्ठित हिंदी रहा है।भाषा चमत्कार पूर्ण कविताएं लिखी हैं और उनका सम्मान करते हुए मैं उन्हें पहचान का मोहताज नहीं समझता हूं।भाषा के चितेरे कवि कहना अतिशयोक्ति नहीं होगी। तत्सम तद्भव देशज, उर्दू अरबी-फारसी तुर्की, विदेशी शब्दावली के साथ ग्रामीण ओर शहरीकरण से जुड़े समाज में प्रचलित भाषाओं का प्रयोग किया है।

काव्य लेखन किसी भी विधा में करने पर काव्य के दो पक्ष होते हैं। प्रथम भाव पक्ष दूसरा कला पक्ष। भाव पक्ष में काव्य की मूलसवेदना ओर कला पक्ष में भाषा शैली छंद अलंकार गुण दोष होते हैं।किसी भी विधा में सृजन शीलता का महत्व शिल्प पक्ष प्रमुख होता है।किसी भी रचना का की भाषा शैली उसके शिल्प में महत्वपूर्ण भूमिका निभाती है।काव सरिता, काव्य धारा पद्य प्रसून आदि काव संग्रह में हिंदी संस्कृत उर्दू अंग्रेजी,तुर्की अरबी-फारसी शब्दों का

प्रयोग भली भांति जानते हैं।

भाषा विचार अभिव्यक्ति का सशक्त माध्यम है। विचार विनिमय का सुंदर चित्रण प्रस्तुत किया जाता है। अशोक विद्रोही के साहित्य में

भाषा तत्सम तद्भव देशज विदेशी शब्दावली का प्रयोग किया गया है।कवि ने तत्सम शब्दों का प्रयोग किया है। कवि ने कृतियों का मंगलाचरण में संस्कृत वाड़मय का व्यावहारिक चिंतन व प्रयोग किया है। सृष्टि, नित्य प्रति,दिवस,निशा,आयुध,कपीश, अमृत वर्षा

तृप्त सुत, शब्दों का प्रयोग काव्य माधुरी, काव्य प्रवाह, काव्य मंजूषा,एवं श्रीरामचरितमानस में ज्योतिषीय दृष्टिकोण पुस्तक में,बृहज्जातकम आलोचनात्मक दृष्टि से देखें तो उसमें संस्कृति संस्कार सभ्यता को संस्कारवान बनाएं रखने वाले विषय वस्तु को सम्यक दृष्टि से संस्कृत वाड़मय में व्यावहारिक चिंतन विषय के रूप में प्रतिष्ठित किया गया है।तत्सम तद्भव शब्दों का प्रयोग खूबसूरत ढंग से किऊ है।

तद्भव शब्द:-- संस्कृत से हिंदी में आए शब्द तद्भव शब्द कहलाते है।

ग्रामीण ओर शहरीकरण में प्रयुक्त शब्द योजना। राष्ट्रीय संगोष्ठी आयोजित करने हेतु समय-समय सामाजिक राजनीतिक आर्थिक सांस्कृतिक कार्यक्रम प्रस्तुत किए जा रहे हैं उनमें प्रयुक्त भाषा का प्रयोग करना है। डॉ अशोक के साहित्य में तत्सम तद्भव रूपों को लेकर प्रयोग किया है।

तत्सम शब्दों का प्रयोग:--+सामाजिक एवं राजनीतिक जीवन में प्रयुक्त भाषा में शामिल शब्द संयोजन तत्सम रूपों में दिखेंगे। ध्वनि, कम्पायमान,चक्षु, नैय्या नित्य,सुत, सत्यवचन, तडाग, प्राण प्रतिष्ठा, वसुधैव कुटुम्बकम सद्भाव, देह, हविष्य, कृपा, तमस, दादुर, चहुंओर, ज्योति, पुंज, दशम, सर्वे भवन्तु, सुखिन सर्वे संतु, निरामया, विषमय, अम्बर, पाप पुण्य वाडानल, अलके, योगी बैशाख ज्येष्ठ भ्राता, क्षीरसागर, श्री, पिहु चातक, पद्म पुराण उपनिषद् प्रांगण, नग्न, निर्वस्त्र, अभिवादन अभिभूत तृण, तन मन धन तरु, अखिल, परिणय, हिमगिरि उन्नत, शिखर, धवल, श्वेत, चपलदृष्टि जंगम कुकर्म कुक्कुट, निद्रा , तंद्रा, आम्रमंजरी, मोक्षदायिनी गंगा एकादश वर्ष, अरण्य षष्ठी, क्षणभंगुर तिथि, नक्षत्र क्षणभंगुर, कुक्कर, रक्त,अश्व, शक्ति,भाल, धूलि, कातर धूसरित, परिदृश्य, आमंत्रित, मस्तक भक्त स्मरण शक्ति, क्रंदन षड्यंत्र, दिव्य, जलप्रपात जलप्लावन, षड्यंत्र, षड्ऋतु, धेनु, सुर, तापस, नृप मृग, नृत्य, कृशांगी नूतन कलियांयौ, हिंसा, उदधान, रवि, शशि, पिंगल, नव वर्ष, पुष्पित पल्लवित पुष्पित, आदि संस्कृतनिष्ठ, जटाजूट, शब्दावली का बहुतायत सभी काव्य संग्रहों में यंत्र तत्र सर्वत्र स्पष्ट दृष्टिगोचर होता है। साथ ही महाभारत गीता रामायण,वेद वेदाग पुराण उपनिषद् आदि से संबंधित शब्दावली का आवश्यकतानुसार प्रयोग मोहभंग उपन्यास, कथा सुमन कहानी संग्रह तथा कुरुक्षेत्र रणभूमि से

संदेश, अश्रुसागर याज्ञसेनी,मुदगर, ब्रह्म मुहूर्त तिथि-वार-नक्षत्र योग और आयुर्वेद,खंडकाव्य में भी तत्सम शब्दों का प्रयोग देखा गया है।

तद्भव शब्दों का प्रयोग:-अशोक विद्रोही के संपूर्ण साहित्य का यदि विश्लेषणात्मक अध्ययन किया जाए तो इन्होंने कहानी उपन्यास काव्य खंडकाव्य था आलोचनात्मक पुस्तकों में भी तत्सम शब्दों के साथ-साथ तद्भव शब्दों का प्रयोग किया गया है तद्भव शब्द वे शब्द होते हैं जो संस्कृत भाषा से हिंदी में परिवर्तित होते हैं।वह तद्भव शब्द कहलाते हैं कवि ने जहां आध्यात्मिक धार्मिक सामाजिक राजनीतिक काव्य सृजन किए हैं उन कविताओं में तत्सम के साथ तद्भव शब्द का प्रयोग भी किया है।धरती,नदी,नाव, जशोदा बिना, बिजली,सूरज, चांद, सितारे,रात दिन अनाज, नरेश,चादर,धाम, ध्वनि ,सपना,पानी,बात,पेडा,दया, सागर,खेत, लहुलुहान हालत गंभीर,सोने की चिड़िया, कन्या, बारिश गगरी,भाला, दर्पण काजल तिनका, अंधेरा, प्रलय, अंधेरा खलिहान, भूमि,घर,दही दूध, समर्पण सच्चाई,छाछ,चाहत,गौ, मूत, भौजाई,बहना,भाई बहन, बचपन जवानी पाच तत्व, पाना, पिया, लूट, समर, आंगन, प्रभू माया जाल, सर्प, नागिन, अबला, सबला, ओढ़े, श्याम श्वेत कपोतोंसे स्वच्छ और परिवेगत पृष्ठभूमि, ईर्ष्या कारें, तलवार आसमान, मिलन, अजर अमर, अविनाशी आजन्मा ब्रह्म अनामय अज भगवंता, शीतल,जल, कंटीली झाड़ी, घोंसला लहर, झरना निरंतर गाता मैय्या यशोदा, बहुरंगी बिसात भट्टी, सरोकार, पतंगा, पत्थर, अद्भुत, रोग, कर्जा, दो, तीन बार पांच, अंतर्मनमें, सोमरस सुरापान,बहरा,

अंग्रेजी मेंशब्दों का प्रयोग :-विद्रोही के काव्य में भाषा शैली का चमत्कार अनूपगढ़ का प्रस्तुत है कवि ने संस्कृत शब्दावली का प्रयोग तद्भव शब्दों का प्रयोग एवं आगे भाषा के शब्दों का प्रयोग विगत पत्र किया है यह स्वाभाविक प्रवृत्ति है कि संस्कृत हिंदी के साथ अंग्रेजी भाषा को हम छोड़ नहीं पा रहे हैं उसका कारण है कि हमारे यहां मातृभाषा के बाद दूसरा नंबर हिंदी का है अतः हिंदी के बाद यदि कोई भाषा प्रचलित है तो वह अंग्रेजी भाषा अतः कभी लेखक कोई भी और सभी के काम में हिंदी उर्दू और अंग्रेजी का समावेश मिलेगा मैं यहां अंग्रेजी भाषा में काव्य संग्रहों में अंग्रेजी शब्दावली का प्रयोग किया गया है। डॉ, इंडिया, मिशन, लाइफ, कांग्रेस, मिनिस्टर, रोड, मिटिग, हासपिटल, वोटबैंक, लालटेन घासलेट, प्लास्टिक सर्जरी, बाल्टी, सेल्यूट, एनकाउंटर, बढ़ता ग्राफ, हाफ, लिव इन रिलेशनशिप, आर्टिकल पैंतीस ए, कापी, पेस्ट, मोबाइल, नेटवर्क, कम्प्यूटर

अरबी फारसी उर्दू के शब्द:--- कुर्बान, जंजीर,असली,सथिपा,जश्न, जिंदगी, खुशबू कब्र, कायिक वाफिक, गरीब, जन्नत,कीमत,मजार, चोखट,जहान,खबर, फायदा,कीमत,कदम,गम, समंदर,कागज,खतरा,इलाका,कदम, यकीन,ग़ज़ल,कब्जा,माफ, दीदार,सगसार आदि शब्दों का प्रयोग किया है।

काव्य मंजूषा एवं काव्य माधुरी,मेरी प्रिय कविताए में जो कविताएं लिखी हैं उनमें प्रयुक्त शब्दावली का प्रयोग किया गया है।

आंचलिक भाषा का प्रयोग:--आंचल विशेष के जीवन के परिवेश को सहजता एवं जीवनसत्ता से चित्रित करने हेतु अशोक विद्रोही के संपूर्ण साहित्य में आंशिक शब्दावली का प्रयोग यात्रा स्पष्ट दृष्टिगोचर होता है। कथा सुचम कहानी संग्रह की कस्तूरी का संघर्ष, चौबारे की छत्त,सुमन की सांस आदि कहानियों आंचलिक परिवेगत संस्कृति और संस्कारों को लेकर लिखी ग्रामीण मध्यम वर्गीय संयुक्त परिवारमें मूल्यहीनताअधिक बढ रही है उसका यथार्थ चित्रण किया है। आस्तीन का सांप कहानी में मानवीय मूल्यों से टकराहट करते हुए जीवन यापन करने वाले भाई बहन दाम्पत्य जीवन एवं वृद्धों की व्यथा कथा है जो ग्रामीण क्षेत्र में प्रतिष्ठित समाजसेवी धर्म परायण लोगों की मतिभ्रष्ट हुई है। मोहभंग उपन्यास में एक नारीजीवन में फैला तमस मिटाने को लेकर अपने नैतिक मूल्यों से टकराहट करते हुए पुरुष सत्ता द्वारा संचालित पारिवारिक संवेदना वैयक्तिक चिंतन प्रकृति परिवेश में एक कुंवारी लड़की को अपनों ने ही नोचने का दुस्साहस किया है। वर्तमान समय में रिश्तोंमें मर्यादित आचरण का अभाव सर्वत्र व्याप्त है। चौबारा, प्याला, खूंटा, तपक्या, राई, फावड़ा, ठाण, कटाई, बुआई, गैंती, भोजी, भाया, जीजी, काका, काकी, छोरियां, छोरा-छोरी, छान, छप्पर, थूनी, बिलोना, बनात, आदि आंचलिक शब्दावली का प्रयोग किया है।

मुहावरे और लोकोक्तियां:-----ऑटो दाल का भाव मालूम पादना जल्लाद बनना काली पटना साहब सुगना नाक कटना खून के घुट के ना आंख बबूला होना आंखें चुराना हाथ की लेकर ना चिराग का होना दाने-दाने को मोहताज होना दबे पैर गुजरा पेट में मुंह पर ताला डालना कच्ची हड्डी में खाना पकाना जमीन आसमान का अंतर होना आदि मुहावरों का प्रयोग छठी का दूध आना तथा बाल बनकर न होना सात नदियां एक समंदर कलेजा थाम कर रखना सांप सुना आदि शब्दों का प्रयोग मोरों के रूप में अशोक विद्रोही के साहित्य में राष्ट्रीय चेतना से ओतप्रोत सांस्कृतिक विरासत सामाजिक राजनीतिक आर्थिक सांस्कृतिक विकृतियां उद्घाटित करता है।

मुला की दौड़ मस्जिद तक कब जा सच्चा दावा झूठा अकेला चना भारत नहीं फोड़ सकता बगल में लड़का शहर में डिंडोरी चमड़ी जाए मगर धमनी नहीं जाए छठ मागणी पट बिहार रस्सी जल गई मगर घाट का कदम रखना बूढी घोडी लाल लगाम आ बैल मुझे मारा खुद पहाड़ निकली चुहिया मां ने मन में तेरा मेहमान तरकारी लंका ढाए चोरी ऊपर से ना चोरी सुबह का भला शाम को घर आ जाए तो भूल नहीं कहलाता आदि लोकोक्तियां का प्रयोग कवि ने सभी काव्य संग्रहों में व्यावहारिक चिंतन मनन करते हुए जीवन संघर्ष को पारिवारिक संवेदना

वैयक्तिक चिंतन प्रकृति से प्रेम अपनत्व ओर आदर भाव से प्रस्तुत किया है। कवि के साहित्य में बिखराव नहीं कसावट है। वाक्य संयोजन तत्सम तद्भव रूपों में किया है।

(ख) आलंकारिक चमत्कार:-अशोक विद्रोही के समग्र साहित्य में अलंकारों का विशेष महत्व है उन्होंने शब्दालंकार एवं अर्थ अलंकार दोनों ही प्रकार के अलंकारों का प्रयोग किया जिस पर शब्द अलंकार में विशेष रूप से अनुप्रास और यमक अलंकार का प्रयोग किया गया है तथा शब्दालंकार में उपमा रूप उत्प्रेक्षा एवं अणुधरणों के माध्यम से मणिकरण जैसे अलंकारों का प्रयोग किया है जो काव्य में चमत्कार उत्पन्न करने में सहायक सिद्ध हुए हैं। काव्य की शोभा बढ़ाने वाले कारक तत्व अलंकार कहलाते हैं।

यह प्रेम है या प्रार्थना मुझे भी मालूम नहीं।

किया प्रेम में मैंने समर्पित तन मन जीवन। मेअनुप्रास अलंकार का प्रयोग किया है ओर देखिए, बचपन बीता संग संग आंगन में हो संग सहेली।काव सरिता पृष्ठ ३४

वैदिक कालीन संस्कृति ज्ञान भक्ति शक्ति इंद्र
पाटलीपुत्र का इतिहास बना है ज्ञान का केंद्र।

प्रलय मंजर हिमगिरि का शीर्षक कविता में मानवीकरण अलंकार का प्रयोग किया है।रात एक एक करके तारे समेटे हुए थी।

उत्तम शिखर आंचल भी अंबर ढकी हुई।
सूर्य रश्मि पर कोहरे की चादर ओढ़ हुई।
उसे संकल्प होती थी मन न हुआ अधीर।
मन में उठना भावों का उत्प्लावन गंभीर।

काव्य धारा पृष्ठ ४५

उपमा अलंकार का प्रयोग कवि ने कृतियों में अनेक रूप में प्रस्तुत किया है। कुरूक्षेत्र रणभूमि से संदेश खंडकाव्य याज्ञसेनी खंडकाव्य में उपमा,मयंक, अनुप्रास अन्योक्तियां अर्थान्तरन्यास विभावना विशेषोकति,अलंकारों के भतेरे उदाहरण काव मंजरी , काव्य धारा, काव्य मंजूषा, काव्य माधुरी, काव्य प्रवाह,मेरी प्रिय कविताएं, पद्य प्रसून आदि संग्रहों में व्यावहारिक चिंतन रुप में परिभाषित किया गया है।यथा संख्य अलंकार का उदाहरण दृष्टव्य है

तीन गुण चार वर्ण तीन ऋण ,
नवधाभक्ति शक्ति आदि अंत हूं मैं।
हाथ पकड मेरा तुझे संसार से,
मुक्त कर स्वर्ग में पहुंचाऊंगा मैं।।"

कुरूक्षेत्र रणभूमि से संदेश पृ२०

सनातन संस्कृति व सभ्यता पालित पोषित जीवन धन्य।

कलयुग में बढ़ रहे अपराध हरि सुमिरन तज नरनारी सामान्य। पृष्ठ ३५उपमा अलंकार देखें

राजनीतिक भ्रमर मडराए धीरे-धीरे एक हुए।

मजबूरी ध्रुव विरोधी होंगे गलबहियां डाले हुए।मेरी प्रिय कविताए पृष्ठ १५ फूल सी बेटी की बिदाई शीर्षक कविता में उत्परेक्षा अलंकार का परयोग प्रस्तुत है।

मा ममता की मूर्त को लगा किसी ने छीन लिया।

मानो तरूण बगिया से सुंदर फूल है बीन लिया। वहीं पृष्ठ ३३

रूपक अलंकार का प्रयोग कवि ने तत्सम तद्भव शब्दावली में किया है

मन मयूर नृत्य करे जब मही पर चले शीतल बयार।

नीड से पक्षियों की चहचहाट करें हृदयमें प्रेम उदगार। मेरी प्रिय कविताएं पृष्ठ ९३

शैली प्रवीणता:--शैली शब्द अंग्रेजी साहित्य के प्रभाव से हिंदी में आया जो की स्टाइल का अनुवाद है साहित्य कोश के अनुसार शैली अद्भुत विषय वस्तु को सजाने के उन तरीकों का नाम है जो विषय वस्तु की अभिव्यक्ति को सुंदर एवं प्रभावपूर्ण बनाते हैं विविध साहित्य में विषय वस्तु विचार एवं भावों के अनुसार लेखक ने अनेक शैलियों का सफलतापूर्वक साहित्य में प्रयोग किया है उन्होंने साहित्य में वर्णनात्मक आत्मकथात्मक पक्षात्मक चित्रात्मक स्मृति पारक आदि अनेक शैलियों का प्रयोग किया है जो साहित्य में प्रयुक्त प्रमुख शैलियों हैं उनके बारे में मैं संक्षिप्त में प्रयोग प्रस्तुत कर रहा हूं।

(क)चिंतन प्रधान शैली:---डॉ अशोक विद्रोही एक उत्कृष्ट साहित्यकार होने के साथ-साथ एक सफल चिंतक ज्योतिष आचार्य एवं मनोवैज्ञानिक भी हैं उनका कथित्तर साहित्य इसका जल्द उदाहरण है गंभीर विचारों को प्रस्तुत करने हेतु भी चिंतन प्रधान शैली का प्रयोग कार्य में करते हैं और वह लिखते हैं कि साहित्य जीवन को सृजनात्मक गति प्रदान करता है तथा साहित्य के द्वारा ही समाज का कल्याण संभव है यदि साहित्य नहीं है तो समाज की परिकल्पना कपूर कल्पित होगी। मोहभंग उपन्यास में एक चिंतन मनन करने वाली बात नायिका के मन को झकझोरने वाली है कि पुरुष सत्ता द्वारा किए गए कुप्रयासों से मुकाबला करना कठिन था किंतु उसने सहजता से स्वीकार नहीं किया।उसका विद्रोह समाज परिवार ओर रिश्तों में तनाव उत्पन्न होने का कारण मूल्य हीनता की पराकाष्ठा है जो मानवीय संवेदना शून्य सी प्रतीत होती दिखाई दे रही है।आज रिश्तों में आये बदलाव का कारण स्वार्थपरक धारणा,बेकारी, महंगाई, शिक्षित बेरोज़गारी तानाशाही शासन व्यवस्था के कारण जनता जनार्दन दुखितहुई हैबेतुके बयान से बाज

नहीं आते हैं आज के राजनेता ओर समाज के ठेकेदार उन्हें उल्लू सीधा करने के अतिरिक्त और संवेदनशील बातो से ताल्लुक नहीं है।

कुरूक्षेत्र रणभूमि से संदेश खंडकाव्य में श्री कृष्ण उपदेश देते हुए अर्जुन को चिंतित होता देख माया,मोह,काम क्रोध मात्सर्य से ऊपर उठकर राष्ट्रके प्रति समर्पित भाव से कल्याण की बात करते हैं।

टपकती छान कविता के माध्यम से ग़रीबी का अभिनित वर्णनात्मक शैली में लिखा है जो नवीन प्रयोग है।

"ग़रीबी सबसे बड़ा ईश्वर प्रदत्त अभिशाप
अमीर लोगों में छुपाए हैअन्याय ओर पाप
तनके उजला मन मैला करते नित्य शोषण
दहाडी मजदूर की रोक लेते होता है मरण
"आखिर कब-तक चमचागिरी करनेका अंत
भ्रष्टाचारी अंकुश नहीं लगा तो बने सब संत
व्यभिचार की आधीमें सद्भावना के उड़े डंडे
सदाचारी ईमानदार और संस्कारोंमें हुए ठंडे!"

देह पंचतत्व निर्मित बाल युवा वृद्ध होता न घबराना
असत वस्तु सत्ता नही सत्य अभाव जन्म मरण भगवाना। रणभूमि कुरुक्षेत्र से संदेश पृष्ठ १९ माधव बोले हे नर श्रेष्ठ युद्ध भूमि में खड़ा होकर शोक मत करो आत्मा अजर-अमर है मरता देह है अतः व्यर्थ की चिंता छोड़ युद्ध कर । कर्म करो फल की इच्छा मत करो। तीन ऋण चार वेद दंश दिशाएं शोभित अवधेश है सृष्टि निर्माण पालन ओर संहार तीनों मैं ही हूं।मेरी प्रिय कविताएं की कविताएं मानवीय मूल्यों से टकराहट परस्पर विरोधी गतिविधियों में शामिल होने वाले वैमनस्य को लेकर चिंता व्यक्त करते हुए जीवन यापन करने वाले लोगो को संवेदनशील होकर व्यवहार में बदलाव की अपेक्षा करती प्रतीत होती है। काव्य धारा काव्य मंजूषा काव्य माधुरी काव्य प्रवाह काव्य सरिता ओर पद्य प्रसून कावय संग्रह की कविताएं मानवीय मूल्यों से कोई लेना-देना नहीं होता है।

ख। प्रश्न शैली:--- साहित्यकार के द्वारा चारित्रिक क्रांति अंतर्द्वंद्व या सामाजिक समरसता और संस्कारों को लेकर या समस्या सम्बंधित दिशा निर्देश या अंकन हेतु समय-समय पर जनमानस में इस शैली का प्रयोग किया जाता है। याज्ञसेनी खंडकाव्य में द्रोपदी गांधारी कुंती ओर धृतराष्ट्र नैतिक जिम्मेदारी स्वीकार करने व आर्य परम्परा में नारीजीवन में फैला तमस मिटाने को अपनों द्वारा अपनों पर क्यों अत्याचार फैलाया गया है। क्या दोष है मेराजो मुझे जुआं में हारे

कोई सम्पत्ति नही किसी राजा की। यहां देवी द्रोपदीके कौरवपांडव समक्ष प्रश्न किया कि कुल वधू का मान अपमान किया क्या उचित अनुचित का तनिक भी भान नहीं है।कहां छुपा है हस्तिनापुर प्रासाद में बैठे युधिस्ठिर भीष्म द्रोण विदुर पार्थ वीर अर्जुन सहदेव नकुल।किसमे केश सवारूं कुंतल शीर्षक कविता में कवि ने कहा है कि

क्या क्षत्रिय परम्पराओं का ऐसा ही इतिहास।
साक्षी भूत बैठे हुए हैं ह्रदय हीन करें बकवास।
राजनीति की चोसर पर नारी अस्मिता बेहाल

राजा राजकुमारो की सोच का तुच्छ कमाल। मेरी प्रिय कविताएं पृष्ठ जला चिराग कब बुझेगा, कौन ठग कौन बग कविओं में कवि ने समाज के ठेकेदारो से पूछा कि समाज कल्याण हेतु समय-समय सामाजिक समरसता और संस्कारों को जिन्होंने प्रत्यक्ष अप्रत्यक्ष योगदान दिया उसकी मनःस्थिति को भूलकर कुचक्र रच रहे हैं उन्हें बंद करना होगा। कवि ने यंत्र तंत्र फ़्लैश बैंक शैली का प्रयोग भी सकल साहित्य में राष्ट्रीय चेतना संवेदना की वस्तुस्थिति के रूप में प्रतिष्ठित किया है।

आत्म कथात्मक शैली:----+++प्रथम पुरुष मैं से मध्यम से लिखी जाने वाली कहानियां व उपन्यास साहित्य काव्य संग्रह लिखे हैं जिनमें आत्म केन्द्रित चरित्र चित्रण या संस्कार संवेदना शून्य जीवन में आशा का दीपक जलाकर ज्ञान ज्योति जलाने की अभिव्यक्ति प्रस्तुत किया है।"डिस्पोजल नहीं हूं मैं"शीर्षक कविता में कवि ने समाजिक सरोकार रखने वाले लोगो को संवेदनशील होकर मर्यादा में रहना बताया है तथा स्वयं सद्मार्ग पर चलते हुए परोपकारी होते की अभिव्यक्ति प्रस्तुत किया है।

मैं एक सामाजिक प्राणी हूं।
मैं सद्मार्ग पर चलने वाला हूं।
मेरा उलझी हुई पहले सा जीवन।
हर व्यक्ति अपने आपमें रहता मगन।
एक दूसरे को नीचा दिखाने की सोचें।

ढूंढता है कमियां कार्यों में चाहता नीचे।काव्य धारा पृ १०३उजडता जीवन उद्यान,जख्मी जीवन का हाल,चाहत मन की चिऊ, व्याकुल मन कैसी उलझन कविताएं कवि मनीष की आत्मवेदना को प्रकट करती है। मत करो धर्म की राजनीति शीर्षक कविता के माध्यम से कवि कहना चाहता है कि जो लोग धर्म को लेकर राजनीति कर रहे हैं उन्हें किसी प्रकार से बक्सा नहीं जाना चाहिए आज देश में धार्मिक उन्माद जगह आतंक का साया दर्शाते हुए दिखाई दे रहे हैं वह देश की नहीं सो करके विदेश की बातें करते हैं तथा एक धर्म संप्रदाय की दूसरे धर्म के

संप्रदाय के व्यक्तियों में भेदभाव पैदा कर्वी मनुष्य के विचारधारा को बढ़ावा दे रहे हैं आदरणीय सचेत करते हुए कवि ने राष्ट्रीय चेतना से प्रेरित बात कही है।

धर्म फैलाने वाले सावधान न्याय के आईने से देखो।
बहुत फैलाया आतंक कुकर मौका कटु फल खाचखे
एक माफिया आतंकी संगठन का बाहुबली नेता बन
बहन बेटियों की लूट आबरू चला गोली रहता मगन
इनके जाति धर्म अपनों की तरह तरह बने चुनावी मुद्दे पद्य प्रसून पृ२३

व्यंग्यात्मक शैली:---

आजम अंसारी गुड्डू विकास का अतीक सा भद्दे। पद्य प्रसून कविता में कवि ने कहा है कि इन गद्दारों को सूली पर चढ़ाना चाहिए जो देश विरोधी गतिविधियों में शामिल होकर देश को खोखला करने में तत्पर रहते हैं।काव तरंग कविता संग्रह की "आज नहीं तो कल मिलेगा"शीर्षक कविता में कवि ने वर्णनात्मक शैली में प्रतीक रूप में प्रस्तुत किया है।

सुख दुःख दो चक्र है एक दूजा न मिलेगा।
छलकरो छल मिले आज न कल मिलेगा।।
झुठ फरेब मक्कारी का आज छाया है जोर
धनिक ओर धनिक हो रहा गरीब कमजोर।

काव्य तरंग पृष्ठ १२

"बिना पायल के बजे घुंघरू" शीर्षक कविता में कवि ने ऊर्जावान होकर राजनीतिक मंचपर विदूषक अभिनेता बनकर

"सबकुछ मुश्किल होने पर भी हासिल करना चाहते यौन
एक रोटी सेंकता है दूसरा रोटी से खेलता है जनता मौन
संसद से सड़क तक एक ही स्वर बोले विरोधी हरकदम
बढ़रही दुष्कर्म घटनाएं स्वरबोले करते जनता का मर्दन"!

वर्णनात्मक शैली:---- वर्णनात्मक शैली साहित्यकार के कला कौशल की सृजनात्मकता की परिचायक होती है।इस शैली में देशकाल परिस्थितियों ओर वातावरण का वर्णन करते हुए जीवन मूल्यों ओर संवेदना शून्य जीवन की वस्तुस्थिति का यथार्थ रूप पसतूत किया जायेगा। हुल्लड़ कब खत्म होगा शीर्षक कविता में स्पष्ट लिखा है कि आज परिवार समाज और देश में रिश्तोंमें मर्यादित आचरणसे परे रहकर वैयक्तिक सुख की तलाश में युवा पीढ़ी बढ़ रहीहै संयुक्त परिवार प्रणाली लगभग लुप्त प्राय सी हो गयी है।आज भौतिक चाहत में अस्तित्व बचाने हेतु

व्यक्ति अपने नैतिक मूल्यों से कटकर अपने आप की तलाश में रहता है। उसने समाज कल्याण की भावना से अलग रह कर मानवीय सरोकार मूल्य चेतना संवेदना संसार से मुक्ति पाने की अमिट लालसा से खुद को सर्वेसर्वा बनने की होड़ में लगा लिया है।

क्या मिलेगा आतंक ओर हुड़दंग से
क्यों पहुंचाते हो हानि आग पतंगों से।
धर्म का सूर्य अस्त हुआ अब जयद्रथ मारो।
अब नहीं मरे तो नित पैदा होंगे नित हजारों। काव्य तरंग पृष्ठ १-२

कवि विद्रोही को उन्नति और संस्कारों में रहकर भंवर जब मंडराए रस में शीर्षक कविता प्रकृति को दर्शाता बसंत ऋतु का सुंदर मनमोहक झांकियां प्रस्तुत किया है।

समाहार

अशोक विद्रोही हिंदी साहित्य के ऐसे चितेरे साहित्यकार हैं जिन्होंने साहित्य में सामाजिक रिश्तों को लेकर विभिन्न पहलुओं को ध्यान में रखते हुए सृजनशीलता का परिचय दिया है जिससे समाज में एक नया प्रेरणा स्रोत के रूप भारतीय ज्ञान परंपरा और रीति-रिवाज से अभिभूत हो कर सृजनशीलता के नव्य प्रयोग कर प्रतिकात्मक सन्देश को ज्यादा ठीक से प्रस्तुत किया है। साहित्य की सभी विधाओं में लेखनी चलाई और मानवीय मूल्यों को स्थापित करने हेतु आवश्यक बातें करते हुए राजनीतिकरण करने वाले धूर्त नेतृत्व वाली सरकार या विरोधी सैकुलर गिरोह के द्वारा देश हित में ओर सरलता पूर्वक जन-मानस तक आवाज बनकर शब्दों में पिरोया है जो आलंकारिक चमत्कारी वर्णन काव्य संग्रह षड्यंत्रों की सड़कें,काव्य मंजरी मेरी प्रिय कविताए हथेलियों में ब्रह्मांड,आदि काव्य संग्रह में स्वयं के अनुभवों को साझा कर समाज को वादों के घेरे से निकल कर सम्यक-ज्ञान शील-अभिवृद्धी को लेकर विभिन्न पहलुओं को ध्यान में रखते हुए सृजनशीलता का परिचय दिया है।आजके परिवेश में तथाकथित सेकुलर मीडिया गोदी मीडिया तथा धार्मिक कट्टरवाद से अनर्गल राष्ट्र-विरोधी एवं मानवीय सरोकार से ओतप्रोत सांस्कृतिक विरासत को भूलकर विदेशी ताकतों को भारतीय ज्ञान अध्ययन अनुसंधान की गोपनीय बातें,सेना पर सवाल उठाए हैं उनके लिए कवि विद्रोही ने आक्रोशित ग्रामीणों से रूबरू कराया है तथा कृषक जीवन की परिस्थितियों को ऊर्जावान महसूस कर शब्दों में पिरोया है। ऐसे साहित्यकार डॉ अशोक विद्रोही एक व्यक्तित्व कृतित्व विद्रोह का स्वरूप प्रकार आदि विषयों को लेकर विभिन्न प्रकारके प्रयोग यथोचित रूप में प्रतिष्ठित किया है।उन विचारों को उपन्यास कहानी नाटक आलोचनात्मक अध्ययन के रूप में सदैव सृष्टि में सनातन संस्कृति को प्रबलता से प्रस्तुत कर ज्योतिष शास्त्र खगोल वास्तु शास्त्र और अध्यात्म चिंतन श्रीमद्भागवत गीता सार वेद हिंदी साहित्य जगत में ख्यात कवि डॉ अशोक का षड्यंत्रों की सड़क काव्य संग्रह षड्यंत्रों का उल्था है जिसमें बंगाल बिहार चुनाव एवं रोहिंग्या मुसलमान को लेकर वोटबैंक साधने वाले छल करते हुए संवेदनात्मक अनुभूतियों को अब तक रहस्यमय परिस्थितियों को ऊर्जावान बनाए रखने में सहायक सिद्ध हुई।पुराण दर्शनके ज्ञान को आधुनिक संदर्भों से जोड़ कर देखा है। मैंने डॉ अशोक कुमार शर्मा विद्रोही की भाषा शैली को लेकर खुश मिजाज आपसी सहमति से ओत-प्रोत व्यक्तिव की बात सुनकर जिज्ञासा को शांत किया है।

साक्षात्कार

आज दिनांक पंद्रह मार्च 2026 को डा अशोक कुमार शर्मा विद्रोही से साक्षात्कार के कुछ

अंश प्रस्तुत है।

नमस्कार विद्रोही जी! नमस्कार विनीता गौतम गंभीरता से उतर देते हुए कहा।

आपने साक्षात्कार के लिए कीमती समय देने के लिए राजस्थान से अशोक कुमार शर्मा जी का धन्यवाद!

आज आपसे मिलकर प्रसन्नता हुई कि एक साधारण दिखने वाले इतने प्रतिभा सम्पन्न दिव्य चेतना वाले साहित्यकार से मिलना कितना प्रसन्नता का विषय है।

जानकारी के लिए बता दें कि अशोक कुमार शर्मा जी का एक काव्य संग्रह 'पद्य प्रसून' पिछले दिनों ही तनीशा पब्लिशर्स से प्रकाशित हुआ है। बताते चलें कि इससे पूर्व भी अशोक कुमार शर्मा जी की कई पुस्तकें प्रकाशित हो चुकीं हैं और कई पुस्तकें प्रकाशनाधीन हैं। पेशे से एक शिक्षक अशोक कुमार शर्मा जी ने Buuks2Read को साक्षात्कार के दौरान अपने जीवन के खट्टे-मीठे अनुभवों एवं साहित्यिक सफर को बहुत सुंदर शब्दों में बयां किया है। आशा करते हैं कि पाठकों को अशोक कुमार शर्मा जी का साक्षात्कार पसंद आएगा। साक्षात्कार के कुछ प्रमुख अंश आपके लिए प्रस्तुत हैं-

विनीता : आप किस तरह की रचनाएं लिखना पसंद हैं?

Ashok Kumar Sharma: मैं एक साधारण से व्यक्तित्व वाला लेखक हूँ। मेरा विद्रोह समाज परिवार और देश में बदल रही विचार धारा दमघोंटू जीवन शैली से है। इसका कारण सामाजिक भेदभाव, चाटुकारी राजनीति, आर्थिक और वर्तमान परिस्थितियाँ जो मानवीय सरोकार से परे दिखाई देती हैं तथा धर्म पर आधारित राजनीति की दुकान चलाने वालों से भी मेरा कहना है कि राष्ट्र के साथ गद्दारी करना अनुचित है। इन्हीं कारणों से मेरी रचनाएं समाज का अहित करने वाले के खिलाफ विद्रोही भाव लिए होती हैं।

विनीता : आपको लेखन करने के लिए प्रेरणा कैसे मिली?

Ashok Kumar Sharma: दैनिक जीवन एवं व्यक्तिगत जीवन में घटित घटनाओं व समाज में मूल्यहीनता की पराकाष्ठा सांस्कृतिक विचारधाराओं, राजनीतिक विद्रूपताओं ने समाज को हासिये पर लाकर मूल्यों का स्वरूप बिगाड़ा है। इन्हीं सब कारणों से विद्रोह की उपज हुई और सृजनात्मकता का भाव जाग्रत हुआ।

विनीता : आपकी पहली सृजित रचना कौन-सी है और साहित्य जगत में आगमन कैसे हुआ,इसके बारे में बताएं?

Ashok Kumar Sharma: 'काव्य मंजरी' मेरा पहला

काव्य सृजन है। मैंने शिक्षा पूर्ण कर अध्यापन कार्य प्रारम्भ किया था। लगभग पच्चीस वर्षों

से स्नातक व स्नातकोत्तर कक्षाओं में प्राध्यापन कार्य किया। सर्वप्रथम कहानी संग्रह "एक बीमार सौ अनार" प्रथम अप्रकाशित पांडुलिपी थी,उस समय आर्थिक परिस्थितियां ठीक नहीं थी। जिस कारण इसे प्रकाशित नहीं किया जा सका,अफसोस है कि पांडुलिपि भी खो गयी। दो हजार इक्कीस से निरन्तर पढ़ा और लिखा, काव्य,उपन्यास और कहानियां लिखता रहा। मुझे समाज, परिवार तथा कार्य क्षेत्र में साथियों द्वारा दी गई प्रताड़ना ने विद्रोही बना दिया, जिस कारण मैं अपने नाम के आगे उपनाम 'विद्रोही' भी लिखता हूँ।

विनीता: किताब लिखने या साहित्य सृजन के दौरान आपके मित्र या परिवार या अन्य में सबसे ज्यादा सहयोग किससे प्राप्त होता है?

Ashok Kumar Sharma: सर्वप्रथम श्री हनुमानजी की कृपा है, गुरू कृपा उनके बाद धर्मपत्नी श्रीमती कृपा शर्मा, ज्येष्ठ पुत्र नितिश व अनुपम शर्मा का सहयोग व समर्थन रहा। मित्र तो नहीं है, भाई जैसे डॉ. मधुसूदन शर्मा जोकि विगत पच्चीस साल से अधिक समय से मित्र से बहुत सहयोग मिलता है।

विनीता : साहित्य जगत से अब तक आपको कितनी उपलब्धियाँ / सम्मान प्राप्त हो चुके हैं? क्या उनकी जानकारी देना चाहेंगें?

Ashok Kumar Sharma: सर्वप्रथम तो आत्मश्लाघा से सृजनशीलता का सम्बन्ध प्रगाढ़ नहीं हो सकता, पुरस्कार कोई नहीं मिला न प्रयास किया है और भविष्य में क्या होगा, इसके बारे में कुछ कहा नहीं जा सकता है।

विनीता : आप सबसे ज्यादा लेखन किस विद्या में करतें है? और क्या इस विद्या में लिखना आसान है?

Ashok Kumar Sharma: अब तक काव्य में अधिक लिखा है। उपन्यास और कहानी, ज्योतिष शास्त्र में वर्णित सिद्धान्त पर फलादेश गोचर आदि पर बृहज्जातकम् रामचरितमानस में ज्योतिषीय दृष्टिकोण भी लिखा हूँ।

विनीता: आप साहित्य सृजन के लिए समय का प्रबंधन कैसे करते हैं?

Ashok Kumar Sharma: लिखने के लिए एकांतवास चाहिए होता है, जिस कारण मेरे लिए रात्रि में लिखना सबसे अधिक उचित समय रहता है।

विनीता: आप अपनी रचनाओं के लिए प्रेरणा कहां से प्राप्त करते है?

Ashok Kumar Sharma: प्रेरणा की बात करें तो हर वक्त नया देखा, पढ़ा और सुना, उसे अंतर्मन से विचार किया और लिखा। मेरा जीवन संघर्ष ही मेरे लिए प्रेरणा स्रोत हैं।

विनीता: आपके जीवन में प्राप्त विशेष उपलब्धि या यादगार घटना, जिसे आप हमारे पाठकों के साथ भी शेयर करना चाहते हैं?

Ashok Kumar Sharma: सफल गृहणी, आज्ञाकारी एवं धर्मपरायण योग्य संतान जो कि भाग्यशाली को ही मिलते हैं। कई घटनाओं ने अंदर से झकझोरा है, तब इन्होंने ही मुझे मजबूती प्रदान की। यह मेरे जीवन में मेरे लिए सबसे महत्वपूर्ण है।

विनीता : हर लेखक का अपना कोई आईडियल होता है, क्या आपका भी कोई आईडियल लेखक या लेखिका हैं? और आपकी पसंदीदा किताबें जिन्हें आप हमेशा पढ़ना पसंद करते हैं?

Ashok Kumar Sharma: आइडियल की बात करें तो मेरी प्रिय पत्नी और दोनों पुत्रों से बड़ा कोई नहीं मिला। लेखकों की बात करें तो जयशंकर प्रसाद, प्रेमचंद, मोहन राकेश पंत, दिनकर और निराला का सम्पूर्ण साहित्य मेरे मन में पूज्य भाव लिए हुए है। पुस्तक श्री रामचरितमानस, श्रीमद्भागवत गीता, कामायनी, यशपाल का झूठा सच आदि को पढ़ना पसंद करता हूँ।

विनीता : हिन्दी भाषा और हिन्दी साहित्य के उत्थान पर आप कुछ कहना चाहेंगे?

Ashok Kumar Sharma : संस्कृत भाषा के बाद कोई भाषा है जो राष्ट्र को एक सूत्र ने बांधने में सफल है ,वह हिन्दी ही है। यह गर्व की बात है कि हिन्दी भारत ही नहीं सम्पूर्ण विश्व की सिरमौर भाषा बनती जा रही है,इसे सीखना भी अन्य भाषाओं की अपेक्षा सरल है। हिन्दी भाषा को राष्ट्र भाषा का दर्जा दिया जाना चाहिए, क्योंकि सम्पूर्ण राष्ट्र को एकीकृत कर समन्वय स्थापित करने में समर्थ है। साहित्य जीवन में सृजनात्मक गति प्रदान करता है। साहित्यकार समाज का श्रेष्ठा होता है। हिन्दी साहित्य मंच पर मौजूद साहित्यकार प्रबुद्ध वर्ग तक सीमित न रहकर ग्रामीण शहरी परिवेश नौकरशाही एवं राजनीतिक परिदृश्य का यथार्थ चित्रण प्रस्तुत करे साथ गुलामी की प्रतीक आंग्ल भाषा को संवेधानिक नहीं हिंदी भाषा को संवैधानिक दर्जा मिलना चाहिए,सोए हुए प्रशासन की नींद खोले।

विनीता : साहित्य सृजन के अलावा अन्य शौक या हॉबी, जिन्हे आप खाली समय में करना पसंद करते हैं?

Ashok Kumar Sharma: ज्योतिष शास्त्र, आध्यात्मिक ज्ञान चर्चा मानस रंजन रूप का ध्यान। न शौक है, न कमाने का जरिया, मन में उत्पन्न विचारोंक्ति व्यक्त करते हैं। जिनमें कहीं न कहीं समाज का कल्याण संभव हो सकता है।

क्या भविष्य में कोई किताब लिखने या प्रकाशित करने की योजना बना रहें हैं?

Ashok Kumar Sharma: अतिशीघ्र अकथ कहानी प्रेम की उपन्यास पुस्तक प्रकाशित होने वाली है।

विनीता : साहित्य की दुनिया में नये-नये लेखक आ रहे है, उन्हें आप क्या सलाह देगें?

Ashok Kumar Sharma: सलाह तो क्या दें, लेकिन मेरा विचार है कि सही यथार्थ चित्रण

करना एक साहित्यकार का नैतिक धर्म होता जो निभाना आवश्यक है।

विनीता : क्या आप भविष्य में भी लेखन की दुनिया में बने रहना चाहेंगे?

Ashok Kumar Sharma: इसमें कोई संदेह है क्या? जब तक रहेगी सांस लिख दूंगा इतिहास।

Buuks2 Read: यह अंतिम प्रश्न है, आप अपने अज़ीज शुभचिन्तकों, पाठकों और प्रशंसकों के लिए क्या संदेश देना चाहते हैं?

Ashok Kumar Sharma: मेरा एक ही सन्देश है ऊर्जा उमंग और उत्साह आत्मविश्वास से बढ़ना चाहिए। शुरूआत में कठिनाईयां आएंगी हार नहीं माननी है। जीवन संघर्षों से भरा जीवन में कभी कभी तनाव हार का भी सामना करना पड़ता है लेकिन धीर पुरुष सदाचार के मार्ग से विचलित नहीं होता है।